Ronald Rayner

Pilze erkennen –
leicht gemacht

Mit 220 Farbfotos

Kosmos
Gesellschaft der Naturfreunde
Franckh'sche Verlagshandlung
Stuttgart

Aus dem Englischen übersetzt von Dr. Bruno P. Kremer
Titel der Originalausgabe „Hamlyn nature guide Mushrooms and Toadstools", erschienen bei
The Hamlyn Publishing Group Ltd., Feltham unter ISBN 0-600-36283-3
© 1979, The Hamlyn Publishing Group Ltd., Feltham
Mit 220 Farbfotos von Agentur-Photo-Center-Raab (1), – H. Angel (13); Aquila – A. J. Bond (1), –
L. Travis (4); Bavaria-Chr. Lederer (1); Biofotos – G. Dickson (9); E. Blackwell (15); A. W. Brand (39);
V. L. Breeze (5); British Mycological Society (1), – S. C. Porter (4); H. Chaumeton (21); B. Coleman –
S. C. Porter (2); W. F. Davidson (5); B. Kent – Dr. E. R. Degginger (1); D. M. Dring (1); M. Hards (1); D.
Hosking (1); Jacana – H. Chaumeton (2), – R. König (1), – Cl. Nardin (4), – P. Pilloud (1), – C. Robert
(1); F. Lane – H. Schrempp (12), – H. Wright (2); M. Leach (1); R. W. Rayner (13); Natural History
Photographic Agency – S. Dalton (1), – B. Hawkes (5), – K. G. Preston-Mafham (20); A. Outen (9); D.
A. Reid (7); P. Stiles (7); D. Ward (3); Prof. J. Webster (1); N. A. J. Wilde (4); Zefa – Podschies (1) und
5 Schwarzweißzeichnungen von Laura Mason

Umschlag von Edgar Dambacher unter Verwendung eines Farbfotos von Heinz Schrempp
Das Bild zeigt den Kaiserpilz (Amanita caesarea).

CIP-Kurztitelaufnahme der deutschen Bibliothek

Rayner, Ronald:
Pilze erkennen, leicht gemacht / Ronald Rayner.
[Aus d. Engl. übers. von Bruno P. Kremer].–
Stuttgart : Franckh, 1979
    (Kosmos-Bestimmungsführer)
    Einheitssacht.: Hamlyn nature guide mushrooms
    and toadstools [dt.]
    ISBN 3-440-04748-2

Franckh'sche Verlagshandlung, W. Keller & Co., Stuttgart / 1979
Für die deutschsprachige Ausgabe:
© 1979, Franckh'sche Verlagshandlung, W. Keller & Co., Stuttgart
Printed in Italy / Imprimé en Italie / LH 14 Ste / ISBN 3-440-04748-2
Satz: Konrad Triltsch, Graph. Betrieb, 87 Würzburg
Herstellung: Interlitho, Mailand

Pilze erkennen – leicht gemacht

Allgemeines

Insgesamt kommen in Europa nahezu 3500 verschiedene Arten größerer Pil ze vor. Die in diesem Buch abgebildeten und beschriebenen Arten umfasse diejenigen Pilzarten, die man mit einiger Gewißheit immer wieder in Wal und Flur finden kann. Dieser Auswahl liegt eine statistische Untersuchung zugrunde, die die Häufigkeit berücksichtigt, mit der Pilze über einen Zeit raum von nahezu zwei Jahrzehnten an über 250 regelmäßig kontrollierte Standorten beobachtet wurden. Alle diejenigen Pilze, die wenigstens an 5% der überprüften Standorte vorkamen, werden in diesem Buch behandelt.

Die Pilze stellen eine wichtige Organismengruppe von gewaltiger Formenfül le dar. In ihrer Ernährungsweise gleichen sie eher den Tieren, während sie i ihrem Aufbau den Pflanzen ähnlicher sind. Pilze sind nicht in der Lage, ihr Nahrung aus energiearmen Stoffen selbst aufzubauen, wie dies die grüne Pflanzen tun, sondern sie nehmen schon energiereiche Stoffe (Kohlenhydra te) aus dem Boden oder aus Holz oder anderem Pflanzenmaterial, auf dem sie leben.

Pilze bestehen in der Hauptsache aus einzellreihigen, verzweigten, faden artigen Gebilden, den Hyphen, die in ihrer Gesamtheit ein zartes, lockeres spinnwebenartiges Geflecht, das Mycel, bilden. Dieses Mycel ist der eigent liche Vegetationskörper des Pilzes – wie Wurzel, Sproß und Blätter bei der Pflanzen – und uns kaum bekannt, weil es im Verborgenen im Boden oder i anderen Substraten wächst. Was landläufig als „Pilz" bezeichnet wird, un was wir sehen können, sind lediglich die Fruchtkörper – sie entsprechen de Blüten und Früchten der höheren Pflanzen. Sehr viele Pilze haben nur seh kleine Fruchtkörper, die man gerade noch mit der Lupe erkennen kann (Mi crofungi). Zu diesen Arten gehören die Hefen, Schimmel, Mehltau-, Rost und Brandpilze. Wir wollen uns hier aber nur mit den Pilzen mit großen auffallenden Fruchtkörpern, den Macrofungi, befassen.

Benennung der Pilze

Wie alle Lebewesen tragen auch die Pilze einen wissenschaftlichen Doppel namen (binäre Nomenklatur). Der erste Name bezeichnet die Gattung, de zweite die Art, z. B. *Russula foetens*, der Stinktäubling. Für sehr viele Pilz gibt es zwar gut eingebürgerte Namen, aber vielfach zeigen sich auch seh viele regionale Unterschiede in der Benennung, so daß es zu Mißverständ nissen führen kann. Wir haben in diesem Buch die jeweils gebräuchlichste deutschen Namen aufgeführt und zusätzlich noch die wissenschaftliche Be nennung, um Unklarheiten vorzubeugen.

Eßbarkeit

Zweifellos werden viele Benutzer dieses Bestimmungsführers in der Hauptsa che an den gastronomischen Freuden des Pilzsammelns interessiert sein un erfahren wollen, welche Pilze eßbar und welche Arten wertlos, ungenießba oder sogar giftig sind. Es gibt aber keine grundsätzlichen Test- oder Bestim mungsmerkmale, mit deren Hilfe man eßbare von giftigen Pilzen unterschei den kann. Es bleibt nur die Möglichkeit, jede einzelne Art kennenzulerne

und auf diese Weise die giftigen von den eßbaren zu unterscheiden. Sehr junge Exemplare sollten besser nicht gesammelt werden, da in diesem Stadium die wichtigen Erkennungsmerkmale oft noch nicht entwickelt sind. Finden wir eine neue, bisher noch nicht verwendete, genießbare Pilzart, so ist es ratsam, zuerst nur wenig zu versuchen, um eine mögliche Unverträglichkeit feststellen zu können. Nicht jeder verträgt eine Pilzart wie der andere!
Obwohl nur sehr wenige Pilze (etwa 2 – 3% aller Arten) giftig sind, ist immer Vorsicht geboten. Essen Sie unbekannte Pilze grundsätzlich nur dann, wenn die Art absolut zweifelsfrei von einem Pilzgutachter als Speisepilz bestimmt wurde!
In unserem Bestimmungstext bezeichnet
   * = eßbar
  ** = sehr guter Speisepilz
   + = ungenießbar – giftig
 + + = tödlich giftig
Pilze, die nicht ausdrücklich als eßbar bezeichnet sind, sind mindestens als ungenießbar anzusehen!

Der Bau eines Pilzes

Die größeren Pilze (Macrofungi) können in zwei Hauptgruppen eingeteilt werden: Die Schlauchpilze (Ascomycetes) und die Ständerpilze (Basidiomycetes). Bei den Schlauchpilzen werden die Pilzsporen in besonderen, schlauchförmigen Zellen, den Asci, zu je acht auf einen Satz entwickelt. Meist werden sie dann unter Druck entlassen, so daß die Spitze des Ascus aufbricht und die Sporen mit Schwung ausschleudert. Die Schlauchpilze lassen sich wieder in zwei Gruppen unterteilen: die Discomycetidae (Scheiben- oder Becherpilze), bei denen die zahlreichen Asci dicht als Palisaden gepackt sind, so daß sie die schüsselförmigen Fruchtkörper (Apothecien) mit einer samtigen Oberfläche auskleiden und die Pyrenomycetidae (Kernpilze), bei denen die Asci vorgebildete Hohlräume, die Perithecien, auskleiden und in die Oberfläche des Fruchtkörpers eingesenkt sind.
Obwohl das eigentliche Kennzeichen der Schlauchpilze, der Ascus, nur unter dem Mikroskop sichtbar ist, kann man die Zugehörigkeit eines Pilzes zu dieser Klasse schnell dadurch bestimmen, daß man die Fruchtkörper in natürlicher Stellung auf einen Bogen Papier bringt und ein Glas darüber stülpt.

Abb. 1. Scheiben- oder Becherpilze (*Discomycetidae*) Blasiger Becherling (*Peziza vesiculosa*)

Längsschnitt durch den Fruchtkörper

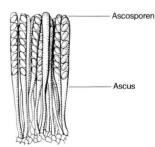

Ascosporen

Ascus

Ausschnitt der inneren Oberfläche

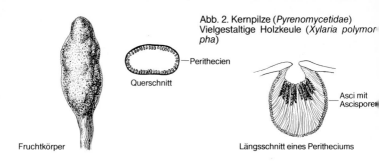

Abb. 2. Kernpilze (*Pyrenomycetidae*)
Vielgestaltige Holzkeule (*Xylaria polymorpha*)

Querschnitt

Perithecien

Asci mit
Ascisporen

Fruchtkörper

Längsschnitt eines Perecheciums

Nach wenigen Stunden wird sich auch in einiger Entfernung um den Pilz herum ein weißlicher oder farbiger Sporenbelag abgesetzt haben. Führt man das gleiche Experiment mit einem Ständerpilz durch, finden sich die Sporen immer nur unter dem Pilzhut, niemals in dessen Umkreis.

Bei den Ständerpilzen entwickeln sich die Sporen (Basidiosporen) gewöhnlich zu viert auf kleinen Stielchen an der Spitze langgestreckter Zellen, der Basidien. Bei der Reife brechen die Basidien einfach ab und fallen im windstillen Raum senkrecht nach unten auf die Unterlage. Dort zeichnen sie, wenn man z. B. einen Lamellenpilz ausgelegt hat, exakt das Lamellenmuster der Hutunterseite nach. Auch die Ständerpilze umfassen eine große Fülle verschiedener Fruchtkörperformen. Im einfachsten Fall sind es flache Krusten, die die Flanken oder die Unterseite von Ästen oder Stämmen bewachsen. Manche Arten wachsen auch zu lappigen Gebilden aus. Andere wiederum bilden Fruchtkörper von kugeliger oder keulenförmiger Gestalt oder komplizierte Verzweigungsmuster nach Art kleiner Bäumchen. Bei vielen Basidiomyceten findet man Fruchtkörper, die von einem zentralen Stiel getragen werden und der landläufigen Vorstellung eines „Pilzes" am nähesten kommen. Die sporenbildenden Teile können eine glatte oder runzelige Oberfläche haben, kleine Röhrchen oder Stacheln bilden oder als strahlenförmig angebrachte, senkrecht hängende Platten angelegt sein. Die wichtigste und größte Gruppe der Ständerpilze bilden die Lamellenpilze (Agaricales). Die Bauchpilze (Gasteromycetales) bilden eine weitere, gut unterscheidbare

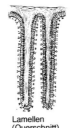

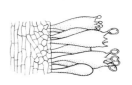

Abb. 3. Ständerpilze
(*Basidiomycetes*)
Feld-Egerling
(*Agaricus campestris*)

Fruchtkörper mit Anschnitt
des Hutrandes

Lamellen
(Querschnitt)

Basidien mit Basidiosporen

Gruppe der Ständerpilze. Im Innern ihrer Fruchtkörper werden unglaubliche Mengen von Sporen gebildet. Bei der Reife werden diese Sporenmassen in feinen Staubwolken durch eine Öffnung an der Spitze des Fruchtkörpers abgegeben, oder aber die Fruchtkörper brechen als Ganzes auf.

Bestimmungsmerkmale

Für die Bestimmung der Pilze sind die Fruchtkörperform und die Art der sporenbildenden Strukturen von größter Bedeutung. Bei Pilzen, die auf der Hutunterseite eine Röhrchenschicht haben, muß man unbedingt auf die Dik-

Abb. 4. Längsschnitte durch die Fruchtkörper von Blätter- oder Hutpilzen

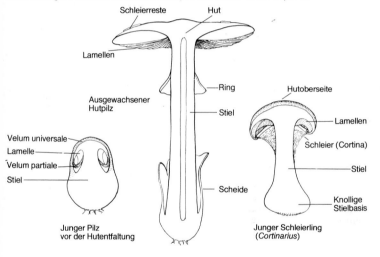

ke und Festigkeit des Fruchtkörperfleisches achten. Bei den Röhrlingen (*Boletus*) ist es z. B. ziemlich weich, bei den Porlingen ist das Fleisch zäher. Man findet hier Arten mit weichen, korkartigen, ziemlich trockenen Fruchtkörpern und andere, die wesentlich zäher, ledriger oder sogar holzig sind. Bei den Lamellenpilzen ist es wichtig, die Farbe der Sporen festzustellen. Die Sporen können weiß oder von sehr blasser Färbung sein, rosa bis zimtfarben, rostrot, zigarren- oder schokoladenbraun, rötlich, violett, grau und sogar schwarz. Auch die Farbe der Lamellen gibt ein brauchbares Bestimmungsmerkmal; häufig zeigen sie die gleiche Färbung wie die Sporen. Auch die Art, wie die Lamellen mit dem Stil verbunden sind, ist für die sichere Bestimmung von Bedeutung.
Der Fruchtkörper junger Blätter- oder Hutpilze (Agaricales) ist im unentwickelten Zustand von einer dünnhäutigen Hülle, dem Velum universale, umge-

9

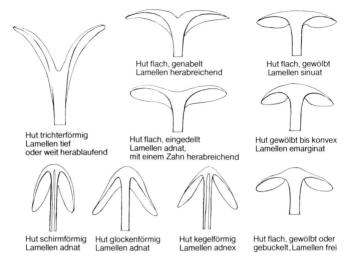

Hut flach, genabelt
Lamellen herabreichend

Hut flach, gewölbt
Lamellen sinuat

Hut trichterförmig
Lamellen tief
oder weit herablaufend

Hut flach, eingedellt
Lamellen adnat,
mit einem Zahn herabreichend

Hut gewölbt bis konvex
Lamellen emarginat

Hut schirmförmig
Lamellen adnat

Hut glockenförmig
Lamellen adnat

Hut kegelförmig
Lamellen adnex

Hut flach, gewölbt oder
gebuckelt, Lamellen frei

Abb. 5. Längsschnitte durch verschiedene Hutformen mit verschiedenen Lamellenbefestigungen

ben, die bei weiterem Wachstum – besonders bei der Streckung des Stieles – zerreißt und dann die Scheide an der Stielbasis und Hutschuppen auf der Hutoberseite übrig läßt. Eine weitere Hülle, der Schleier (Velum partiale), umgibt nur den Hut. Dehnt sich der Pilzhut, wird der Schleier gesprengt, und es bleiben ein wulstiger oder faseriger Ring am Pilzstiel und kleinere Fetzen am Hutrand übrig.

Ebenfalls wichtige Unterscheidungsmerkmale sind die Form des Stieles und die Beschaffenheit des Stielfleisches. Dieses kann dicht, etwas flockig und leicht brüchig oder aber faserig und ziemlich zäh sein. Knorpelig nennt man es, wenn ein herausgeschnittenes Scheibchen durchscheinend wie eine Fischgräte ist. Auch anhand des Geruches kann man die Pilze unterscheiden. Manche riechen nach Mehl, Bittermandel, Geranien, Aprikosen, Öl, Fisch, Wanzen, Knoblauch. Zwar lassen sich die Pilze auch anhand ihres Geschmackes erkennen, aber da die Geschmacksprobe recht gefährlich werden kann, sollte man sie lieber unterlassen. Ein besonderes Augenmerk verdienen auch die Pflanzen, mit denen zusammen ein Pilz vorkommt. So neigen viele Pilze zu einer engen Beziehung zu ganz bestimmten begleitenden Baumarten. Einige Arten wachsen nur in Laub- andere wiederum nur in Nadelwäldern.

Hinweise zur Benutzung dieses Buches

Der Bestimmungsteil dieses Buches ist so aufgebaut, daß zuerst die lamellenlosen Pilze aufgeführt werden und dann die Blätter- oder Hutpilze folgen, die wiederum nach der Farbe ihrer Sporen angeordnet sind. Am Schluß des Buches kommen dann noch die Bauchpilze und Lorcheln. Hat man nun einen Pilz gefunden, so ist es am einfachsten, den Bildteil durchzublättern und die einzelnen Abbildungen mit dem „Fund" zu vergleichen. Findet sich ein Bild, das zu dem gefundenen Pilz weitgehende Ähnlichkeit aufweist, kann man anhand des Bestimmungstextes feststellen, ob alle angeführten Merkmale mit unserem Fund übereinstimmen. Handelt es sich bei unserem Fund jedoch um eine Art, die leicht mit einem Giftpilz zu verwechseln ist, so sollten wir auf jeden Fall einen kundigen Pilzberater zuziehen.

Mit etwas Praxis wird man bald die Pilze in Großgruppen einteilen können; für den Anfänger sei der nachfolgende vereinfachte Bestimmungsschlüssel eine kleine Hilfe.

Bestimmungsschlüssel

Dieser Schlüssel zur Bestimmung der einzelnen Gattungen ist nach dem sogenannten „Verzahnungstyp" aufgebaut, bei dem die einzelnen Alternativen nicht unmittelbar hintereinander stehen, sondern durch weitere Fragen unterbrochen werden. Man geht so vor, daß zunächst die exakt untereinandergeschriebenen, durch die gleiche Ziffer gekennzeichneten Fragen gelesen werden. Findet sich darunter eine Beschreibung, die auf den fraglichen Pilz zutrifft, setzt man bei der etwas eingerückten Fragengruppe solange fort, bis man bei einer Beschreibung ankommt, die mit einem Gattungsnamen endet und/oder einen Seitenverweis enthält. Das Zeichen (↓) gibt an, daß zu der entsprechenden Angabe weiter unten auf der Seite noch eine alternative Frage folgt, die man ebenfalls noch lesen sollte.

Noch ein Hinweis: Natürlich sind in diesem Buch nicht alle jemals zu findenden Pilze aufgeführt.

1a Fruchtkörper hart oder zäh, schwarz gefärbt und holzkohlenartig
   2a Pilz rundlich, kissenförmig   *Daldinia, Hypoxylon* S. 18
   2b Pilz geweihartig, mit weißem Puder bestäubt, oder von keuliger Gestalt   *Xylaria* S. 18
1b Fruchtkörper anders
   3a Fruchtkörper kugelig oder birnenförmig, innen mit Massen brauner oder schwarzer Sporen
            Gastromycetales (Bauchpilze) S. 120
   3b Fruchtkörper weder kugelig noch birnenförmig
      4a Fruchtkörper krustenartig, auf der Oberfläche von Holz, Ästen u. ä. wachsend
         5a Oberfläche mehr oder weniger glatt   *Peniophora* S. 24
                                      Hyphodontia S. 22
         5b ↓ Oberfläche runzlig oder faltig   *Phlebia* S. 24
         5c Oberfläche mit unregelmäßigen wenig vertieften Poren oder Netzwerk enger Falten   *Merulius* S. 24
         5d Oberfläche mit Poren, Porenmündungen 2 Millimeter lang oder länger   *Phellinus* S. 32
      4b ↓ Fruchtkörper eine rundliche, gewundene oder hirnartige, gelatinöse Masse
         6a Gelb oder orangefarben   *Dacrymyces, Tremella* S. 20
         6b Lila   *Ascocoryne* S. 16

4c ↓ Fruchtkörper eine Scheibe, von becherförmiger oder unregelmäßig schüsselförmiger Gestalt, mit oder ohne kurzen Stiel
   7a Pilzfleisch geleeartig
      8a Scheiben schwarz, Oberfläche glatt   *Bulgaria* S. 14
      8b ↓ Scheibe oder Becher schwarz, Oberfläche fein gepunktet
                                    Exidia S. 22
      8c Becher braun, innen oft etwas dunkler   *Hirneola* S. 22
   7b Fleisch nicht gallertig   *Aleuria, Peziza, Chlorosplenium* S. 14
4d ↓ Fruchtkörper konsolenförmig oder lappig, manchmal mehr oder weniger aufrecht   s. Sonderschlüssel 1
4e ↓ Fruchtkörper keulenförmig, einem Bäumchen ähnlich oder geweihartig verzweigt
   9a Fleisch schwarz, hart und zäh   *Xylaria* S. 18
   9b Fleisch gallertig   *Calocera* S. 20
   9c Fleisch weder schwarz noch gallertig   *Clavaria* S. 30
4f Fruchtkörper mit Hut oder Spitze auf einem deutlichen Stiel
   10a ↓ Fruchtkörperspitze ohne Röhrchen oder Lamellen
      11a Pilz übelriechend, wenigstens im jungen Zustand von einer braunen, schleimigen Masse überzogen
                                Mutinus, Phallus S. 122
      11b Nicht übelriechend, ohne braunen Schleimüberzug
                        Morchella, Leotia, Helvella S. 16
   10b ↓ Hut unterseits mit Stacheln   *Hydnum* S. 30
   10c ↓ Hut unterseits mit Poren, die die Öffnungen von Röhrchen darstellen
      12a Fleisch zäh und lederig   *Coltricia* S. 40
      12b Fleisch weich und schwammig
                   Boletus, Suillus, Leccinum S. 42
   10d ↓ Hut auf der Unterseite mit längsverlaufenden, untereinander verbundenen Falten und Rinnen   *Cantharellus* S. 28
   10e Hut mit Lamellen   s. Sonderschlüssel 2

Sonderschlüssel 1: Konsolenförmige oder lappige Pilze
1a Unterseite glatt oder runzelig
   2a Fleisch gallertig   *Hirneola* S. 22
   2b Fleisch lederig
      Telephora, Stereum, Chondrostereum, Hymenochaete S. 26
1b ↓ Unterseite mit Poren (Röhrchenöffnungen)   Porlinge S. 32
1c ↓ Unterseite labyrinthartig faltig   *Daedalea, Daedaliopsis* S. 40
1d Unterseite mit Lamellen
   3a Fleisch holzig   *Lenzites* S. 40
   3b Fleisch zäh oder weich, aber nicht holzig-hart
      Schizophyllum, Panellus, Pleurotus, Crepidotus S. 46

Sonderschlüssel 2: Lamellenpilze
1a Pilz sondert eine milchige (weiße, wäßrige, farbige) Flüssigkeit ab, wenn er beschädigt wird
   2a Stiel fleischig, dick oder dicklich   *Lactarius* S. 48
   2b Stiel knorpelig, dünn   *Mycena* S. 88

1b Pilz ohne milchige Flüssigkeit

Schlauchpilze, Ascomycetes

Formen- und artenreiche Pilzklasse mit besonderen sporenbildenden Zellen (Asci), aus denen die Sporen (Ascosporen) mit Schwung ausgeschleudert werden.

Scheiben- oder Becherpilze, Discomycetidae

Pilze, bei denen die Asci dicht an dicht nebeneinanderstehen und offene, schüssel- oder schalenförmige Gebilde auskleiden.

Schmutzbecherling *Bulgaria inquinans*

Fruchtbecher bis 3 – 4 cm Durchmesser, im Aussehen an große schwarze Knöpfe erinnernd. Oberseite deutlich eingedellt, Ränder eingerollt, Scheibe oberseits glatt und schwarz, unterseits mehr dunkelbraun und schuppig. Fleisch gallertig und sehr zäh. Gesellig auf der Rinde von Eichenstämmen, weitaus weniger häufig auf Rotbuche oder anderen Bäumen. Oktober – November. Recht häufig.
Der ebenfalls häufige, oliv- bis pechschwarze Drüsling (*Exidia glandulosa*) unterscheidet sich durch seinen klumpigen bis lappigen Fruchtkörper.

Orangeroter Becherling *Aleuria aurantia (Peziza aurantia)* *

Fruchtbecher meist 2 – 4 cm groß, selten auch bis 10 cm groß, flach oder becherförmig, rundlich oder in verschiedene Lappen aufgeteilt. Innenseite leuchtend orangerot, Außenseite heller bis weißlich, zur stiellosen Basis hin ein wenig flaumig. Fleisch brüchig. Gesellig auf Waldwegen, an Grabenrändern oder auch auf nacktem Lehmboden. September – Januar. Häufig. Genießbar.
Die ähnlich aussehende Art *Melastiza chateri* könnte mit dem Orangeroten Becherling verwechselt werden. Sie ist jedoch wesentlich kleiner (nur bis 1,5 cm), von regelmäßigem Umriß und trägt unterseits in Randnähe kleine, bräunliche Haare.

Blasiger Becherling *Peziza vesiculosa* *

Fruchtkörper zunächst kugelig oder krugförmig, oben geöffnet, später tassen- oder schüsselförmig, schließlich auch zerteilt oder zerrissen, Größe 2 – 5 cm. Blaß gelbbraun. In Kolonien auf Dunghaufen, Strohballen, auf feuchten Wegen oder in Gärten. September – April. Ziemlich häufig.
Der Ausgebreitete Becherling (*Peziza repanda*) ist sehr ähnlich, aber weniger gelblich gefärbt. Fruchtkörper mehr tellerförmig. Ziemlich häufig in Wäldern. Der Kastanienbraune Becherling (*Peziza badia*) hat eine dunkelbraune Innenseite und eine blassere, hellere Außenseite. Rand unregelmäßig. Fleisch saftig. Bevorzugt sandige Böden.
Die Gattung *Peziza* ist sehr umfangreich. Viele der schüssel- bis becherförmigen Pilze dieses Formenkreises können zuverlässig nur an mikroskopischen Merkmalen erkannt werden.

Grünspanbecherling *Chlorosplenium aeruginosum*

Fruchtkörper nur 5 – 10 mm groß, schüsselförmig oder tellerflach, mit kurzem, schmächtigem Stielchen. Blaugrün, seltener gelblich. In Kolonien auf moderndem Holz von Laubbäumen, vorzugsweise auf Eiche. Das Pilzmycel färbt das Holz auch dann grünspanig, wenn keine Fruchtkörper sichtbar sind. Häufig.

Schmutzbecherling
Bulgaria inquinans

Orangeroter Becherling
Aleuria aurantia

Eßbar

Blasiger Becherling
Peziza vesiculosa

Eßbar

Grünspan-becherling
Chlorosplenium aeruginosum

Gallertbecherling *Coryne sarcoides (Ascocoryne sarcoides)*
Fruchtkörper anfangs eine hirnartig gewundene, unregelmäßig gelappte Masse, später mit becherförmigen, sitzenden oder kurzgestielten Teilen, 2 – 10 cm groß. Rosa bis dunkellila, oft mit rötlichem Anflug. Vermehrung durch Konidien und Ascosporen. Recht zähfleischig. Auf abgestorbenem Holz, besonders auf Rotbuche. August – Dezember. Häufig.
Die verwandte Art *Coryne cylichnium* ist sehr ähnlich und kann nur anhand mikroskopischer Merkmale unterschieden werden.
Die Erdzungen-Arten gehören zur Gattung *Geoglossum, Trichoglossum* oder *Microglossum* und ähneln mit ihrer keulenförmigen Gestalt den echten Keulenpilzen (S. 30). Sie unterscheiden sich von diesen durch ihre überwiegend dunkle Färbung. Zum gleichen Verwandtschaftskreis gehört das

Gallertkäppchen *Leotia lubrica* *
Fruchtkörper 1 – 5 cm hoch, gallertig, schleimig. Meist zu mehreren zusammen. An der Spitze mit kleiner, braun-oliver Kappe von 0,5 – 1 cm Durchmesser, die unterseits etwas eingerollt und manchmal gelappt ist. Stiel 3 – 10 mm dick, ocker- oder bernsteinfarben, mit kleinen grünlichen Punkten. In Laubwäldern und unter Farnbeständen, oft an feuchten Stellen. Häufig.
Der Sumpf-Haubenpilz (*Mitrula paludosa*) sieht ähnlich aus, trägt aber eine längliche, orangegelbe Haube und einen weißen Stiel. Er wächst auf zerfallender Laubstreu und Ästen. April – Juni. Häufig.

Herbstlorchel *Helvella crispa* +
Fruchtkörper 4 – 10 cm hoch. Haube kraus oder wellig gefaltet, Falten oft waagerecht, unregelmäßig gelappt und eingerollt. Ziemlich dünn. Weißlich bis cremefarben. Stiel weiß, unregelmäßig gefurcht, hohl, 2 – 3 cm dick, zur Basis etwas angeschwollen. Im rohen Zustand giftig, nach Abkochen möglicherweise genießbar. In Laubwäldern. August – November. Verbreitet.

Speisemorchel *Morchella esculenta* **
Fruchtkörper 8 – 20 cm hoch, Hut 4 – 12 cm breit, oval-rundlich, aus einer honigwabenähnlichen gekammerten Masse, hohl, gelblich oder bräunlich, ganz mit dem Stiel verwachsen. Stiel weiß bis cremefarben, zylindrisch oder zur Basis wenig verbreitert, brüchig, hohl. Stieloberfläche eben oder nur flach grubig oder gefurcht. In Laubwäldern und Gebüschen. Meist auf nährstoffreichen Böden. April – Mai. Weitverbreitet, aber nicht immer häufig und meist nur in Einzelexemplaren. Hochgeschätzter Speisepilz. Teilweise in mehrere selbständige Arten aufgegliedert.
Bei der Kapuzenmorchel (*Mitrophora semilibera*) * ist der Hut kürzer und nur zum Teil mit dem Stiel verwachsen. Die Frühjahrslorchel (*Gyromitra esculenta*) + ähnelt den echten Morcheln, doch ist ihr kastanienbrauner Hut hirnartig gewunden und ohne Wabenmuster. Unter Nadelbäumen auf Sandböden. April. Ziemlich verbreitet.

Gallertbecherling
Coryne sarcoides

Links:
Gallertkäppchen
Leotia lubrica

Eßbar

Rechts:
Herbstlorchel
Helvella crispa

Roh giftig

Speisemorchel
Morchella esculenta

Eßbar

Kernpilze, Pyrenomycetidae

sind an den kleinen Punkten auf der Fruchtkörperoberseite erkennbar, die von den Öffnungen der sporenbildenden, flaschenförmigen Perithecien gebildet werden. Perithecien sind auf Fruchtkörper-Längs- und -Querschnitten gut erkennbar. Die Fruchtkörper der abgebildeten Arten sind durchweg sehr hart und schwarz, fast wie Holzkohle, können aber auch weicher und farbig sein, wie bei den interessanten Arten der Gattung Kernkeulen *Cordyceps*. Die Puppen-Kernkeule (*Cordyceps militaris*) wächst im lebenden Gewebe von Schmetterlingsraupen und -puppen. Der Fruchtkörper wächst aus der ruhenden Puppe heraus. Die Zungen-Kernkeule (*Cordyceps ophioglossoides*) besitzt einen sehr kleinen Fruchtkörper von anfangs gelblicher Färbung und wächst parasitisch auf der Hirschtrüffel (*Elaphomyces cervinus*).

Kohlenbeere *Hypoxylon fragiforme*
Fruchtkörper kugelig, bis 1 cm groß, anfangs rosa oder sogar leuchtend rot, später dunkler und meist rotbraun bis schwarz. Oberfläche gepunktet. In Kolonien auf frisch gefällten Stämmen, besonders auf Rotbuchen. Sehr häufig. Die verwandte Art *Hypoxylon fuscum* ist recht ähnlich, zeichnet sich jedoch durch kleinere Fruchtkörper (bis 4 mm Durchmesser) und eine purpurbraune oder graupurpurne Färbung aus. Mitunter bildet sie größere, zusammenhängende Krusten. Sehr häufig, vor allem auf Hasel und Erle. Beide Arten während des ganzen Jahres.

Kohliger Kugelpilz *Daldinia concentrica*
Fruchtkörper halbkugelig bis kugelig, 3 – 6 cm groß, anfangs dunkel rötlich oder rötlichbraun, später schwarz. Oberfläche glatt, mit feinen Punkten besetzt. Fleisch grau mit zahlreichen dunklen, konzentrischen Streifen und Bändern. Einzeln oder in Gruppen auf abgestorbenen Laubhölzern. Besonders auf Stämmen und Ästen der Esche. Während des ganzen Jahres. Nicht sehr häufig.

Vielgestaltige Holzkeule *Xylaria polymorpha*
Fruchtkörper keulenförmig, aufrecht, mitunter rinnig oder unregelmäßig geformt, 1,5 – 2,5 cm Durchmesser, 3 – 8 cm hoch. Oberfläche fein gepunktet, holzkohlenschwarz. Der Fruchtkörper verschmälert sich nach unten in einen kurzen, rundlichen Stiel. Einzeln oder in kleinen Büscheln auf toten Baumstümpfen und faulenden Ästen von Laubhölzern, vorzugsweise von Rotbuche. Während des ganzen Jahres. Recht häufig.

Geweihförmige Holzkeule *Xylaria hypoxylon*
Fruchtkörper 3 – 8 cm hoch, entweder ein einfacher, aufrechter, oft flacher Stiel oder ein reichverzweigtes, geweihförmiges Gebilde vom Aussehen einer Elchschaufel. Im oberen Teil anfangs mit weißen Konidien gepudert und schwarzstielig, später ganz schwarz und mit kleinen, warzigen Punkten besetzt. Sehr häufig im Spätherbst auf totem Holz, aber auch während des übrigen Jahres anzutreffen. Wie die vorige Art nicht verwendungsfähig.

Kohlenbeere
Hypoxylon fragiforme

Kohliger Kugelpilz
Daldinia concentrica

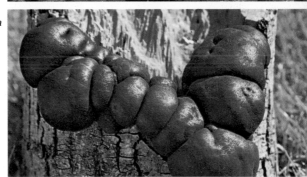

Vielgestaltige Holzkeule
Xylaria polymorpha

Geweihförmige Holzkeule
Xylaria hypoxylon

Ständerpilze, Basidiomycetes

Die Arten dieser Pilzklasse weisen als gemeinsames Merkmal die Entstehung der Sporen (Basidiosporen) an spezialisierten Zellen, den Basidien, auf. Diese Sporen werden nicht, wie bei den Schlauchpilzen, regelrecht abgeschossen, sondern fallen normalerweise senkrecht vom Pilz herab.

Gallertpilze, Tremellales

Die Pilze dieser Ordnung zeigen im mikroskopischen Bild übereinstimmend gelappte oder geteilte Basidien und immer ein eigenartig gallertiges Fleisch das in anderen Verwandtschaftskreisen nur relativ wenigen Arten zukomm (vgl. *Leotia, Bulgaria* und *Coryne* bei den Ascomyceten). Formenreiche Gruppe.

Gallertträne *Dacrymyces deliquescens*
Fruchtkörper gallertig-gelatinös, kissenförmig oder rundlich, 1 – 5 mm Durchmesser oder zusammenfließende Massen bis 20 mm Größe. Gelblich bis kräftig orangegelb. Auf moderndem, häufig auch auf feuchtem, bearbeitetem Holz aller Art. Sehr häufig bei feuchtem Wetter. Während des ganzen Jahres.

Blasser Hörnling *Calocera cornea*
Fruchtkörper gallertig, pfriemenförmig oder schmal-keulenförmig, ungeteilt oder nur endständig wenig verzweigt, drehrund, 4 – 15 mm hoch, 0,5 – 1 mm dick. Blaßgelb oder fahlgelb gefärbt. In kleinen Beständen, gewöhnlich nur zwei oder drei Exemplare zusammen. Auf abgestorbenem Holz von Laubbäumen. Während des ganzen Jahres anzutreffen. Ziemlich häufig. Möglicherweise nur eine Unterart des folgenden Pilzes:

Klebriger Hörnling *Calocera viscosa*
Fruchtkörper gallertig, vom Grunde an mehrfach gabelig verzweigt und von geweihartigem Aussehen. Verzweigungen zur Spitze hin häufiger, 1 – 10 cm hoch. Ästchen drehrund, manchmal auch wenig abgeflacht, von orangegelber Färbung, im trockenen Zustand etwas dunkler. Faßt sich etwas klebrig an. An der Basis mit wurzelartigem Filz. Auf abgestorbenem Holz von Nadelhölzern. Verwechslungsmöglichkeiten bestehen mit den Korallenpilzen. September – April. Ziemlich häufig.

Goldgelber Zitterling *Tremella mesenterica*
Fruchtkörper gallertig, von faltiger, lappiger oder hirnartig gewundener Form. Einzelne Falten dünn und flach, meist viel länger als breit. Etwa 1 – 10 cm groß, kräftig orangegelb gefärbt. Auf totem Holz verschiedener Laubbäume und Sträucher. An der Küste auch auf Stechginster. Während des ganzen Jahres (v. a. November – Dezember). Häufig.
Aus der gleichen Pilzfamilie ist der Eispilz (*Pseudohydnum gelatinosum*) erwähnenswert, der durch den Besatz mit kleinen Stacheln einem echten Stachel- oder Stoppelpilz sehr ähnlich sieht. Eispilze sind bläulich- oder bräunlichgrau, 2 – 6 cm groß. Auf Kiefernstubben und in Kiefernwäldern. September – Dezember. Zerstreut.

Gallertträne
*Dacrymyces
deliquescens*

Blasser Hörnling
Calocera cornea

Links:
Klebriger Hörnling
Calocera viscosa

Rechts:
**Goldgelber
Zitterling**
*Tremella
mesenterica*

Warziger Drüsling, Hexenbutter *Exidia glandulosa*
Fruchtkörper gallertig, oft in klumpigen oder gedrängten Haufen zusam
menstehend, rundlich, etwas scheibenförmig, 2 – 5 cm groß, sehr kurz gestielt
oder auch ungestielt, später häufig gewunden und hirnartig. Färbung
schwarz, unterseits etwas wollig. Oberfläche glänzend, mit zahlreichen klei
nen Drüsenwärzchen, sonst glatt. Auf totem Holz (Stubben, Stämme, Äste
von Laubbäumen. November – Januar. Recht häufig.
Verwechslungsmöglichkeiten bestehen mit dem ziemlich ähnlich en Schmutz
becherling (*Bulgaria inquinans*), der sich aber durch seine kohlschwarze
Scheibe, das Abfärben beim Anfassen und im bevorzugten Vorkommen auf
lagernden Eschenstämmen unterscheidet.

Ohrlappenpilz *Auricularia mesenterica*
Fruchtkörper gallertig, anfangs rundlich und becherförmig, später seitlich
auseinanderwachsend, so daß die untere Hälfte des Pilzes mit dem Holz ver
bunden bleibt, während die obere waagerecht absteht und meist bizarr ver
bogen und gewunden ist. Einzellappen bis 4 cm breit, Ränder dick, stumpf
abgerundet. Färbung der Oberseite aschgrau, hellgrau, braungrau oder dun
kelbraun mit dunkleren Bändern und Streifen. Unterseite fahlgrau, später
rötlich bis dunkelviolett mit weißlichem Überzug und mit netzartig verbun
denen Adern, gerunzelt. Die Fruchtkörper fließen gelegentlich zu größeren
Flächen zusammen. Auf Stubben oder abgeholzten Stämmen verschiedener
Laubbäume, seltener auf lebendem Holz. Während des ganzen Jahres. Häu
fig.

Judasohr, Holunderschwamm *Hirneola auricula-judae* *
Fruchtkörper gallertig, becher- oder ohrenförmig, oft breiter als hoch. Inne
re, gewölbte Seite normalerweise nach unten weisend. 3 – 8 cm groß. Fär
bung rotbraun bis olivbraun. Oberseite samtig oder filzig, Unterseite (Innen
seite) grautonig, oft durch unregelmäßige Adern oder kantige Rippen ge
furcht. Während des ganzen Jahres. Ziemlich häufig an alten, lebenden Ho
lunderstämmen, seltener an Nußbäumen. In Ostasien ein sehr geschätzte
Speisepilz.

Nichtblätterpilze, Aphyllophorales

Diese Pilzgruppe umfaßt alle Arten, bei denen die Basidienschicht äußere
Teile des Fruchtkörpers überzieht. Obwohl viele Arten recht häufig sind
sind sie oft nur schwer anzusprechen und manchmal überhaupt nicht siche
zu bestimmen. Aus diesem Grund werden hier nur wenige Arten vorgestellt.

Holunder-Rindenpilz *Corticium sambuci*
Der Pilz bildet schnee- oder kreideweiße, sehr dünne, fleckige Krusten mi
feinkörniger Oberfläche auf abgestorbenen Ästen verschiedener Laubbaum
arten. Besonders auf Holunder weitverbreitet. Während des ganzen Jahres
am häufigsten jedoch im Spätherbst und Winter.

Warziger Drüsling
Exidia glandulosa

Ohrlappenpilz
Auricularia mesenterica

Judasohr
Hirneola auricula-judae

Eßbar

Holunder-Rindenpilz
Corticium sambuci

Rindensprenger *Corticium comedens*
Fruchtkörper bildet eine dünne, matt fleischfarbene oder gelbgraue Kruste
die sich etwas klebrig anfühlt, aber eine glatte Oberfläche aufweist. Leb
unter der Rinde toter Äste verschiedener Laubbäume, am häufigsten auf Ha
sel und Eiche. Die Rinde wird abgesprengt und aufgerollt, so daß der Pil
zum Vorschein kommt. Ziemlich häufig.
Die verwandte Art *Corticium caeruleum* ist weniger verbreitet, an ihrer auf
fallenden azurblauen Färbung aber gut zu erkennen. Ebenfalls auf abgestor
benen Laubholzästen.

Eichen-Rindenpilz *Peniophora quercina*
Fruchtkörper in Form blaßgrauer oder grauvioletter Flecken, die in feuch
tem Zustand angerauht, trocken aber rissig erscheinen und gut an ihren auf
gebogenen Rändern erkennbar sind, die die schwarze Unterseite zeigen
Meist in größerer Anzahl in unregelmäßigen Fleckenreihen auf abgestorbe
nen Eichenästen oder wenigen anderen Holzarten. Häufig.
Eine Reihe weiterer, teilweise recht häufiger Arten (*P. cinerea, P. lycii, P. in
carnata*) sind schwer unterscheidbar. Alle Arten der Gattung haben mattrosa
gefärbte Sporen.

Orangeroter Kammpilz *Phlebia merismoides (Phlebia aurantiaca)*
Fruchtkörper krustenförmig, etwas fleischig und etwa 2 – 3 mm dick, in un
regelmäßigen, rundlichen oder ovalen Flecken bis 10 cm Durchmesser. Fär
bung weißlich, blaß fleischfarben, orange oder sogar dunkelpurpurn mi
orangegelbem, immer deutlich abgesetztem Rand. Oberfläche stark runzlig
und gefaltet. Furchenmuster ziehen von der Mitte radial zum Rand. Fleisch
etwas gallertig, zäh, von wächsernem Aussehen. Nicht sehr häufig. Im Spät
herbst und Winter. *Phlebia aurantiaca* wurde gelegentlich als eigenständige
Art abgetrennt.

Gallertfleischiger Fältling *Merulius tremellosus*
Wie bei allen Faltenpilzen (Fältlingen) bekleidet die sporenbildende Schich
flache, netzartig verzweigte Gruben und Falten. Fruchtkörper bestehen an
fangs aus dünnhäutigen Lagen, die rasch zu konsolenförmigen Gebilden her
anwachsen, 3 – 15 cm groß werden und etwa 1 – 4 cm weit überragen. Oft in
Reihen nebeneinander. Fleisch etwas gallertig, aber ziemlich fest und zäh
durchscheinend. Oberseite weißlich oder blaßgrau mit Filzhaaren. Untersei
te und Flanken gelblich, fleischfarben oder rötlich-orange, mit deutlichem
Netzwerk hervortretender Adern, Falten und Rippen, die unregelmäßige
sehr flache Poren bilden. Auf Stubben und Stämmen von Laubhölzern. Au
gust – Februar. Zerstreut.
Merulius corium ist eine verwandte Art von blasserer Färbung, die man häu
fig an gefällten Holzstämmen sieht. *Merulius lacrymans,* der nur innerhalb
von Gebäuden wachsende Hausschwamm, ist ein gefürchteter Schadpilz auf
Bauholz.

Rindensprenger
Corticium comedens

Eichen-Rindenpilz
Peniophora quercina

**Orangeroter
Kammpilz**
Phlebia merismoides

**Gallertfleischiger
Fältling**
Merulius tremellosus

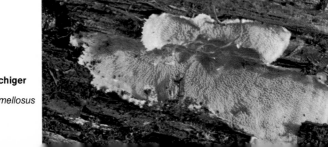

Violetter Schichtpilz *Stereum purpureum*
Fruchtkörper ausgebreitete, lederige Kruste, deren obere Ränder um mehrere Zentimeter überragen und hübsche, konsolenartige Gebilde formen. Diese stehen oft in Reihen neben- oder übereinander. Ränder häufig mehr oder weniger gelappt und gekräuselt, mitunter auch wellig verbogen. Fleisch lederartig-elastisch. Unterseite und Flanken des Pilzes violettgrau oder purpurviolett, später bräunlich umfärbend, glatt, Oberseite weißlichgrau oder bräunlich, filzig oder haarig. Auf Stämmen und Stümpfen oder auf lagerndem Holz vieler Laubbaumarten. Besonders im Herbst ziemlich häufig.
Diese Pilzart verursacht die gefürchtete Silberblatt-Krankheit der Zwetschgenbäume und anderer Obstsorten, bei der sich die Blätter silbrig-weiß verändern.

Zottiger Schichtpilz *Stereum hirsutum*
Bildet flache, lederige, wellig verbogene Krusten, deren äußerer Rand 2 bis 8 cm vom Holz der Unterlage absteht. Häufig in Reihen. Mitunter überwiegt der flachkrustige Anteil, ein anderes Mal fehlt er überhaupt. Krustenoberfläche und Flanken hell orangegelb bis eigelb, im Alter mehr bräunlich. Glatt. Oberseite der Konsole dicht mit zottigen, kurzen Haaren besetzt, graugelb mit hellerem Rand, undeutlich gebändert. Auf abgestorbenen Ästen und Stämmen von Laubbäumen, besonders auf frisch gefällten Eichen. Gehört zu den häufigsten größeren Pilzen. Während des ganzen Jahres.

Brauner Schichtpilz *Stereum gausapatum*
Fruchtkörper flach, in lederigen Krusten, deren Außenränder zur Konsolenkante auswachsen. Häufig in Reihen. Ränder vielfach gewellt, gekräuselt oder gefaltet. Anfangs weiß. Flanken des Pilzes schmutzigbraun bis kastanienbraun, glatt. Beim Schneiden oder Quetschen bilden sich blutrote Verfärbungen. Oberseite braun bis graubraun, etwas haarig. Auf Stämmen und herabgefallenen Ästen von Laubbäumen, bevorzugt auf Eiche. Während des ganzen Jahres. Ziemlich häufig. Verursacht eine gefürchtete Holzfäule bei Eichen.
Eine sehr ähnliche Art, der Blutende Schichtpilz (*Stereum sanguinolentum*), zeigt eine blaßbraune oder gelblichweiße Oberseite und graue bis braune Unterseite. Fleckt beim Reiben dunkelrot. Nur auf Nadelhölzern. Die Gattung *Stereum* umfaßt eine Reihe weiterer, teilweise nur schwer bestimmbarer Arten.

Brauner Borstenschichtpilz *Hymenochaete rubiginosa*
Fruchtkörper bilden kleine, länglich dachig überhängende Konsolen von 1 – 4 cm Größe. Färbung rostbraun, später dunkelbraun oder schwärzlich. Auf der Oberseite samtig und oft in konzentrischen Streifen gebändert. Ziemlich hart und fest. Ränder meist hellgelblich gesäumt, faltig oder wellig. Unterseite dunkelrostbraun, mit sehr feinen Borsten. Auf Stubben und vermodernden, abgefallenen Ästen verschiedener Laubholzarten. Während des ganzen Jahres. Ziemlich verbreitet.

Violetter Schichtpilz
Stereum purpureum

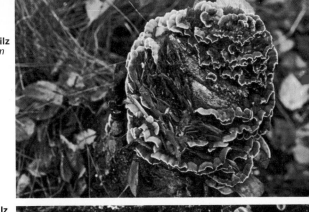

Zottiger Schichtpilz
Stereum hirsutum

Brauner Schichtpilz
Stereum gausapatum

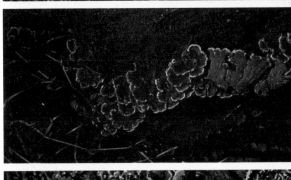

**Brauner
Borstenschichtpilz**
*Hymenochaete
rubiginosa*

Kreiselpilz, Erdwarzenpilz *Telephora terrestris*
Fruchtkörper mehr oder weniger aufrecht und ausgebreitet, fächerförmig, mitunter kreisförmig und in der Weise eingerollt, daß eine trichterartige Öffnung vorgetäuscht wird. Lederig-zäh, faserig, Oberseite schokoladenbraun bis schwärzlich, rauh, mit strahlig angeordneten Fasern. Rand gelappt, blasser gefärbt, gefranst. Unterseite violettgrau, runzlig, oder wenig warzig. Sporen dunkelbraun (wichtiges Unterscheidungsmerkmal zur Gattung *Stereum* mit weißen Sporen). Auf sandigen Böden in Kiefernwäldern oder auf Heiden. August – Dezember. Verbreitet.

Pilze mit deutlichem Stiel, aber ohne Röhren oder Lamellen:

Füllhorn, Totentrompete *Craterellus cornucopioides* **
Fruchtkörper schlank, tief trichterförmig, 5 – 10 cm hoch, 3 – 8 cm breit. Die Trichterröhre reicht bis zur Basis des Fruchtkörpers. Rand kragenförmig umgeschlagen, oft wellig gebogen und gekräuselt. Oberseite schwarzbraun oder schwärzlich, oft feinschuppig. Unterseite asch- bis schwarzgrau, glatt oder schwach faltig. Fleisch dünn, ziemlich fest und zäh. Ziemlich verbreitet. Kommt in der Laubstreu von Fallaubwäldern, besonders in Rotbuchenwäldern vor. Oft gesellig, September – November. Dieser Pilz eignet sich gut zum Trocknen. Gemahlen gibt er vielen Speisen eine interessante Geschmacksnote.

Trompeten-Pfifferling, Leistling *Cantharellus infundibuliformis* *
Im Aussehen der vorigen Art sehr ähnlich, aber deutlicher in Stiel und Hut gegliedert. Etwa 4 – 8 cm hoch. Hut anfangs nur eingedellt, später tief trichterförmig oder durchbohrt, 2 – 5 cm breit, im feuchten Zustand dunkelbraun, trocken gelbbraun. Oberseite glatt. Ränder gelappt, gekräuselt oder buchtig. Unterseite erst gelblich, dann grau, mit unregelmäßig verzweigten, hervortretenden, kantigen Längsleisten und Furchen. Stiel 2 – 7 cm lang, 3 – 8 mm dick. Braungelb, oft abgeflacht, glatt, hohl. Gesellig auf sauren Böden in Laub- und Nadelwäldern. Recht häufig. Juni – Dezember.
Der verwandte *Cantharellus lutescens* ist ganz gelb, während sich *Cantharellus tubaeformis* durch einen lohgelben Stiel unterscheidet.

Pfifferling, Eierschwamm, Rehling *Cantharellus cibarius* **
Fruchtkörper 4 – 7 cm hoch, kräftig gelb. Hut 3 – 10 cm breit, trichterförmig, gewölbt, flach oder gedrückt. Rand eingerollt, oft auch gelappt und gewellt. Unterseite mit kantigen, flachen, verzweigten und lamellenähnlichen Rippen, die bis zur Stielmitte herabreichen. Stiel kurz, 3 – 5 cm lang, 1 – 2 cm dick, rund, aufrecht oder leicht gebogen, kompakt, glatt. Geruch erinnert an Aprikosen. Oft in Scharen. Bevorzugt Laubwälder (Rotbuche und Eiche). Juni – November. Stellenweise ziemlich häufig. Hervorragender Speisepilz. Zum einfachen Braten fast zu schade. Der ebenfalls eßbare Falsche Pfifferling (*Hygrophoropsis aurantiaca*) * unterscheidet sich durch seine echten Lamellen.

Kreiselpilz
Telephora terrestris

Füllhorn
Craterellus cornucopioides

Eßbar

Trompeten-Pfifferling
Cantharellus infundibuliformis

Eßbar

Pfifferling
Cantharellus cibarius

Eßbar

Semmelstoppelpilz *Hydnum repandum* **
Fruchtkörper gestielt, Fleisch ziemlich trocken, leicht brüchig. Hut 5 – 8 cm breit, flach gewölbt oder fast eben, jedoch häufig gewellt oder unregelmäßig geformt, bleich, dickfleischig, mit glatter Oberfläche und eingerolltem Rand. Unterseits dicht mit zahlreichen, brüchigen Stoppeln von unterschiedlicher Größe, aber meist 2 – 5 mm Länge besetzt. Stiel weiß, zur Basis hin gelblich, gelegentlich etwas zum Hutrand hin versetzt, ziemlich kurz und dick, 3 bis 8 cm hoch bei 2 – 4 cm Durchmesser. Geschmack im rohen Zustand bitter. In Gruppen oder Hexenringen auf dem Boden von Laubwäldern. August – November. Ziemlich häufig.
Der ähnliche Rotgelbe Stoppelpilz (*Hydnum rufescens*) zeichnet sich durch eine dunklere, rötlichbraune Färbung aus.

Keulenpilze

sind Arten mit unverzweigten, keuligen Fruchtkörpern oder mit reicher bäumchen- bzw. korallenartiger Verzweigung. Alle Arten haben ein weiches, jedoch nicht gallertiges Fleisch. Sporen entstehen überall an der Fruchtkörperoberfläche. Pilze von ähnlicher Gestalt gibt es auch unter den Gallertpilzen (S. 20) und bei den Ascomyceten (S. 14).

Herkuleskeule *Clavariadelphus pistillaris (Clavaria pistillaris)* *
Fruchtkörper eine einfache, aufrechte Keule, die etwas an einen Pistill erinnert, 7 – 30 cm hoch, 2 – 5 cm dick. Färbung schmutziggelb, an der Basis eher bräunlich, feinsamtig, oft auch runzlig oder breit gefurcht. Fleisch ziemlich locker und weich. Sporen ockerfarben. Pilz von angenehmem Geschmack, im rohen Zustand aber bitter. Auf kalkhaltigen Waldböden einzeln oder in kleinen Gruppen. September – Dezember. Nur stellenweise häufiger. Größte Art der Familie.

Orangegelbe Keule *Clavariopsis helveola (Clavaria helveola)*
Fruchtkörper einfache, schlanke Keule, die sich nur selten wenig verzweigt, 2 – 8 cm hoch, zerbrechlich, gelb oder orangegelb, drehrund oder nur leicht abgeflacht. Einzeln oder in kleinen Gruppen im Gras oder auf Humus in Wäldern. September – Dezember. Häufig.
Ähnliche Arten sind die büschelige *Clavaria fusiformis*, die dunkelorange gefärbte *Clavaria pulchra*, die weißliche *Clavaria luteoalba* und die graue *Clavaria fumosa*. Alle auf grasbewachsenen Stellen.

Kamm-Koralle *Clavulina cristata*
Fruchtkörper unregelmäßig und dicht buschig verzweigt, Äste abgeflacht, Verzweigungsenden zugespitzt, von kammartigem Aussehen. Etwa 3 – 8 cm hoch, grauweiß oder leicht rosa. Auf dem Boden von Fallaubwäldern. Juni – Dezember. Häufig. *Clavulina cinerea* ist ähnlich geformt, jedoch grau.

Semmelstoppelpilz
Hydnum repandum

Herkuleskeule
*Clavariadelphus
pistillaris*

Orangegelbe Keule
Clavariopsis helveola

Kamm-Koralle
Clavulina cristata

Steife Koralle *Ramaria stricta*
Fruchtkörper 5 – 10 cm hoch, vom Grunde an dicht verzweigt, Äste parallel rund, unregelmäßig gabelteilig, brüchig. Färbung an der Basis schmutzigrosa bis weinfarben, einzelne Ästchen zitronengelb oder bleichgelb. Geschmack bitter, Geruch manchmal sehr würzig. Auf oder in der Nähe von vermoderndem Holz oder von Baumstümpfen. Einzige Korallenart, die auf Holz vorkommt. August – Januar. Häufig.
Die Schöne oder Dreifarbene Koralle (*Ramaria formosa*) + sieht ähnlich aus, hat aber eine insgesamt kräftigere rosa-orange oder gelbrosa Färbung. Zweigspitzen zitronengelb; an der Basis jedoch weißlich. Vorwiegend auf Waldboden in Laubwäldern. Giftig. Die Goldgelbe Koralle (*Ramaria aurea*) * ist dicht verzweigt, 5 – 12 cm hoch, 10 – 20 cm breit, einheitlich ei- oder orangegelb gefärbt. In Laub- und Nadelwäldern. Recht häufig.

Krause Glucke *Sparassis crispa* **
Fruchtkörper kugelig, blumenkohlähnlich, 10 – 40 cm groß, vielästig und reich verzweigt. Färbung gleichfarbig weißlich-braun oder gelblich. Verzweigungen fleischig, abgeflacht-lappig, verbogen und wirr ineinander verschlungen. Fleisch weiß, faserig, fest und biegsam. Meist in der Nähe von Kiefernstümpfen. September – November. Zerstreut oder selten. Sehr guter, mild schmeckender Speisepilz.

Porlinge

In dieser Gruppe werden alle Pilze zusammengefaßt, deren sporenbildende Oberflächen aus kleinen Röhrchen bestehen, so daß die Mündungen als Poren erscheinen. Nur wenige den Porlingen zugerechnete Arten haben lamellenähnliche Platten, die sich von den echten Lamellenpilzen durch ihre holzige oder lederige Beschaffenheit unterscheiden. Die hier vorgestellten Arten verteilen sich auf zwei Gruppen: neben den bekannten konsolenförmigen Gestalten gibt es auch eine Reihe krustiger Arten.

Kellerschwamm *Schizophora paradoxa*
Fruchtkörper ausgebreitete, weiße bis blaßgelbe Kruste. Oft mit unregelmäßigen, eckigen Poren von 0,2 – 1 mm Durchmesser und 1 – 2 mm Tiefe. Häufig auch labyrinthartig zusammengezogen. Auf allen Arten moderigen Holzes, auch auf Bauholz. Während des ganzen Jahres. Sehr häufig.
Von den vielen ähnlichen Arten kann *Rigidoporus sanguinolentus* am ehesten an der roten Verfärbung beim Zerquetschen erkannt werden.

Feuerschwamm *Phellinus ferruginosus*
Fruchtkörper harte, korkige, flache Krusten bis 30 cm Länge und 10 cm Breite. Färbung dunkelrostbraun. Poren rund, 0,12 – 0,15 mm Durchmesser. Röhrchen etwa 2 mm lang. Oft geschichtet, da der Pilz mehrere Jahre wächst. Auf toten Stämmen und Ästen. Häufig.

Steife Koralle
Ramaria stricta

Krause Glucke
Sparassis crispa

 Eßbar

Kellerschwamm
Schizophora paradoxa

Feuerschwamm
Phellinus ferruginosus

Leberpilz, Leberreischling *Fistulina hepatica* *
Fruchtkörper rundlich, hufeisen- oder zungenförmig, 2 – 3 cm dick, 10 – 25 cm
breit, manchmal sehr kurz gestielt. Blutrot oder von der Farbe frischer
Leber. Oberfläche rauh. Poren rund, blaß fleischfarben. Röhrchen trennen
sich voneinander, wenn der Pilz gedehnt wird. Fleisch rot, ziemlich faserig
mit rötlichem Saft. Oberflächenschicht etwas gelatinös. Sporen braunrosa.
Vorzugsweise an lebenden Eichenstämmen oder an Eßkastanien, verursacht
eine typische Braunverfärbung des Holzes. August – November. Ziemlich verbreitet. Guter Speisepilz. Am besten in kleinen Stückchen in Brühe zu verwenden.

Blauer Saftporling *Tyromyces caesius (Leptoporus caesius)* +
Fruchtkörper fast halbkreisförmige, dickliche Konsole von 2 – 8 cm Größe.
Oft in Reihen. Färbung anfangs weiß, später blaugrau. Oberseite samtig-wol-
lig, weich. Röhrchen weiß, 3 – 9 mm lang, laufen beim Quetschen blau an.
Poren weiß, rund oder oval, 0,15 – 0,30 mm Durchmesser. Fleisch ziemlich
weich, weiß, wäßrig, nach dem Anschneiden mitunter bläulich verfärbt. Sporen ebenfalls bläulich. Auf abgestorbenen Stubben oder Ästen von Laubbäumen, aber auch gerne an Nadelhölzern. Während des ganzen Jahres, hauptsächlich aber im Herbst. Häufig. Von den übrigen Arten ist noch der Milch-
Saftporling (*Tyromyces lacteus*) erwähnenswert, der gänzlich weiß bleibt und
nirgends blau anläuft. *Tyromyces stipticus* ist ebenfalls weiß, mit rostfarbenen
Rändern. Schmeckt im Gegensatz zu den anderen Arten ziemlich bitter. Auf
Nadelhölzern.

Schwefelporling *Laetiporus sulphureus* *
Fruchtkörper konsolen- oder kappenförmig, meist wellig verbogen, 10 – 30 cm
groß und bis 5 cm dick. Oft in Reihen, aber auch dann von einer gemeinsamen, knollenförmigen Basis ausgehend. Im frischen Zustand kräftig orange
mit hellerem, schwefelgelbem Rand. Mit zunehmendem Alter oder bei Trok-
kenheit blasser. Oberfläche erinnert an Fensterleder. Fleisch dick, aber faserig und krümelig. Poren klein, rund, hell-schwefelgelb. Auf Stubben von
Laub- und Nadelbäumen. Häufig. Verursacht Kernholzfäulnis.

Riesenporling *Grifola giganteus (Polyporus giganteus)* *
In dichten Beständen dachig überlappender, oft konzentrisch gruppierter, fä-
cherförmiger Hüte, die von einer gemeinsamen knollenartigen Basis ent-
springen, bis 1 m Durchmesser. Einzelner Hut 10 – 30 cm breit und 1 – 2 cm
dick, zum Grunde hin allmählich verschmälert. Gelb- bis mittelbraun,
manchmal schwach gebändert, Oberfläche körnig oder schuppig. Ränder
gelblich-cremefarben, wellig oder gelappt. Röhrchen weiß, 1 – 2 cm lang. Poren weißlich, nach Verletzung schwarz anlaufend. Fleisch faserig, zäh, aber
brüchig. Auf Stümpfen oder an den Basis von Laubbäumen, besonders an
Rotbuchen oder Eichen. Juli – Januar. Ziemlich häufig. Beim Klapper-
schwamm (*Grifola frondosa*) * sind die Hüte kleiner, grau oder schwärzlich
und stehen auf verzweigten Stielen. Riecht nach Mäusen. Nur jung eßbar!

Leberpilz
Fistulina hepatica

Eßbar

Blauer Saftporling
Tyromyces caesius

Ungenießbar

Schwefelporling
Laetiporus sulphureus

Eßbar

Riesenporling
Grifola giganteus

Jung eßbar

Schuppiger Porling *Polyporus squamosus* *
Hut 10 – 60 cm breit, 1 – 4 cm dick, waagerecht abstehend, halbkreis-, nieren- oder fächerförmig, manchmal auch kreisrund oder trichterig. Meist gesellig zu mehreren neben- oder übereinander. Oberseite ockergelb bis gelblich, mit zahlreichen dunkelbraunen, flächigen, in konzentrischen Kreisen angebrachten Schuppen. Fleisch weich, aber faserig. Röhrchen bis 7 mm lang, teils am Stiel herablaufend. Poren weiß bis cremefarben, 1 – 2 mm Durchmesser, eckig, bienenwabenartig. Stiel meist zum Hutrand versetzt, fehlt manchmal, sonst bis 5 cm lang und 1 – 5 cm dick, im oberen Abschnitt blaß, weiter unten braun bis schwarz. Auf Baumstubben oder auf Stämmen meist lebender Laubbäume, besonders auf Ulmen. April – Dezember. Ziemlich häufig. Der verwandte Winterporling (*Polyporus ciliatus*) besitzt einen eingewölbten, fast durchbohrten, gelblichen oder tiefbraunen Hut von 2 – 5 cm Durchmesser mit flaumigem Rand. Stiel meist in der Mitte angebracht. Auf totem Holz. September – Mai. Häufig.

Birkenporling *Piptoporus betulinus* +
Hut ziemlich dick, im Umriß halbkreis- oder hufeisenförmig. Ungestielt oder nur auf sehr kurzem Stiel. Insgesamt 8 – 15 cm breit, 2 – 5 cm dick, mit dickem, abgerundetem Rand. Oberfläche flach gewölbt, glatt, mit dünner, beigegrauer oder sehr blaßbrauner, abziehbarer Haut. Röhrchen bis 10 mm lang. Poren klein, 0,15 – 0,25 mm weit, rund, weiß. Fleisch ebenfalls weiß, weich oder korkig. Auf lebenden oder toten Birkenstämmen. Schadpilz Sommer und Herbst. Trockene Exemplare zu allen Jahreszeiten. Recht häufig. Früher wurde der Birkenporling in Streifen geschnitten, getrocknet und zum Abziehen von Rasierklingen benutzt.

Schmetterlingsporling *Trametes versicolor (Coriolus versicolor)* +
Fruchtkörper in halbkreisförmigen Konsolen. Oft in Kolonien. Oberseite steif-samtig, mit starren Härchen besetzt. Gewöhnlich deutlich oder auffallend gebändert, Streifen gelblich, braun, grau, beigegrau oder grünlich. Ränder dünn, blasser gefärbt, oft wellig. Röhrchen sehr kurz, bis 1 mm tief. Poren weiß bis cremefarben, rundlich, 0,1 – 0,4 mm weit. Fleisch dünn, biegsam. Auf totem Holz verschiedener Laubbäume. Ganzjährig. Häufig.

Rauchporling *Bjerkandera adusta (Polyporus adustus)* +
Fruchtkörper manchmal nur krustenförmig, gewöhnlich aber breit-konsolenförmig, von länglichem oder halbkreisförmigem Umriß, bis 4 cm breit. Häufig in kleinen Kolonien. Oberseite zunächst weißlich oder cremefarben, später rehbraun, graubraun oder schwärzlich, besonders entlang dem Rand. Meist schwach gebändert, samtig oder glatt. Röhrchen kurz, höchstens 2 mm lang, grau bis schwarz, aber immer dunkler als das Fleisch. Poren klein, rund, rauchgrau. Fleisch dünn, bis 6 mm dick, weißlich oder hellgrau, elastisch. Auf abgestorbenem Holz. Stämme oder Äste besonders von Rotbuche. Während des ganzen Jahres. Häufig.

Schuppiger Porling
Polyporus squamosus

Eßbar

Birkenporling
Piptoporus betulinus

Ungenießbar

Schmetterlings-porling
Trametes versicolor

Ungenießbar

Rauchporling
Bjerkandera adusta

Ungenießbar

Tannenporling *Hirschioporus abietinus (Coriolus abietinus)* +
Fruchtkörper teilweise, selten vollständig krustenförmig, gewöhnlich in
Form kleinerer, halbkreisförmiger Konsolen bis 4 cm Länge und 2 cm Breite
Häufig in Kolonien. Oberseite flaumig oder samtig, konzentrisch gebändert
weißlich oder in Grautönen. Rand rosa oder rötlich, sehr dünn, wellig oder
gelappt. Röhrchen rotviolett, sehr kurz. Poren hellviolett, mitunter auch hellbraun oder blaß kakaobraun, rund oder eckig, 0,2 – 0,4 mm weit, mit der
Zeit buchtig oder labyrinthartig. Fleisch dünn, zäh, lederig, bräunlich bis
purpurn. Auf abgestorbenem, nicht geschältem Nadelholz. Während des
ganzen Jahres. Häufig.

Buckeltramete *Trametes gibbosa (Daedalea gibbosa)* +
Fruchtkörper halbkreisförmig oder etwas länglich bis fast nierenförmig
dachförmig-konsolenartig, 10 – 20 cm groß, 1 – 4 cm dick (besonders dick an
der Anheftungsstelle). Oberseite gewölbt, meist beigegrau oder, seltener
weißlich bis cremefarben, oft durch Algenbewuchs grünlich verfärbt. Mit
schmalen Streifen konzentrisch gebändert, flaumig oder samtig. Rand abgerundet. Röhrchen weiß, länger als breit, etwa 0,9 – 2 mm lang und
0,3 – 0,5 mm breit, radial angeordnet. Fleisch weiß, korkig und zäh. Auf abgestorbenem Holz, besonders Birkenstubben, seltener auf anderen Holzarten. Im Herbst und Winter. Häufig.

Großer Lackporling *Ganoderma adspersum* +
Fruchtkörper massive, große Konsole von halbkreisförmigem Umriß
5 – 30 cm groß und bis 10 cm dick, hart und holzig. Oberseite rotbraun bis
zimtfarben, ziemlich flach, etwas knorrig oder klumpig, manchmal konzentrisch gebändert. Rand sehr dick und rundlich. Röhrchen rotbraun bis zimtfarben, häufig in mehreren Schichten übereinander. Poren klein, zunächst
weißlich, beim Zerreiben oder im Alter bräunlich. Fleisch kastanienbraun
faserig, hart, dicker als die Röhrchenschicht. Auf Stämmen von Laubbäumen, hauptsächlich Rotbuche, seltener auf Nadelbäumen. Während des ganzen Jahres. Häufig. Fehlt in Skandinavien und wird dort durch *Ganoderma
applanatum* ersetzt. (Dieser Name wird fälschlicherweise immer noch für die
obige Art verwendet.) *Ganoderma applanatum* unterscheidet sich durch einen
dünneren Fruchtkörper und kantigere Ränder. Der Glänzende Lackporling
(*Ganoderma lucidum*) trägt einen auffallenden Lacküberzug. Ziemlich selten.

Wurzelschwamm *Heterobasidion annosum (Fomes annosus)* +
Fruchtkörper in dicklichen, klumpig-knorrigen Massen, manchmal auch nur
krustenförmig, häufiger aber dachig. Oberseite kräftig rotbraun bis schwärzlich, oft runzelig oder konzentrisch gefurcht. Ränder unregelmäßig gelappt
ziemlich dünn. Röhrchen in verschiedenen Schichten, weißlich. Poren eckig
oder unregelmäßig, weiß oder blaß cremefarben. Fleisch weiß. Auf Nadel-
stubben und Wurzeln. Verursacht Rotfäule der Fichten. Ziemlich häufig
Während des ganzen Jahres.

Tannenporling
*Hirschioporus
abietinus*

Ungenießbar

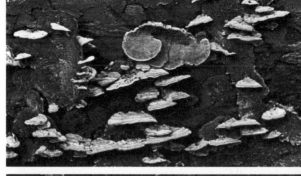

Buckeltramete
Trametes gibbosa

Ungenießbar

Großer Lackporling
*Ganoderma
adspersum*

Ungenießbar

Wurzelschwamm
*Heterobasidion
annosum*

Ungenießbar

Der Zunderschwamm (*Fomes fomentarius*) ist leicht an seiner massiven, huf-eisenförmigen Gestalt zu erkennen. Er ist rehbraun, grau oder schwärzlich gefärbt, Oberfläche gebändert. Fleisch gelblich, korkig, faserig. Mehrjährig an Laubbäumen, besonders Birke und Rotbuche. In Nordeuropa besonders häufig. Der Pappel-Feuerschwamm (*Phellinus igniarius*) ist ähnlich, aber weniger hufeisenförmig. Oberfläche schwarzbraun oder schwarzgrau. Fleisch dunkel. Hauptsächlich auf Pappeln und Weiden. Der rundlich-kissenförmige Pflaumen-Feuerschwamm (*Phellinus pomaceus*) wächst auf Weißdorn, Pflaumen und anderen Steinobstarten.

Rötende Tramete *Daedaliopsis confragosa (Trametes rubescens)* +
Fruchtkörper steife, halbkreisförmige Konsole, 5 – 15 cm breit, etwa 5 bis 10 cm dick. Oberfläche glatt oder mit radial verlaufenden Runzeln und Falten, anfangs weißlich, später blaßockergelb oder mittelbraun, am Stammansatz auch dunkelrot oder purpurbraun. Röhrchen bis 12 mm lang, Poren eckig, ca. 0,7 mm weit, oft länglich, fast labyrinthartig oder zu strahlig angeordneten Platten zusammengezogen. Beim Reiben rötlich anlaufend. Fleisch blaßgelb, später braun, zäh und holzig, bis 8 mm dick. Auf totem Laubholz, v. a. Weiden. Während des ganzen Jahres. Häufig.

Eichenwirrling *Daedalea quercina* +
Fruchtkörper halbkreisförmige, mitunter hufeisenförmige Konsole, bis 15 cm lang, 10 cm breit, 8 cm dick, korkig und holzig, hart. Oberfläche ocker-bräunlich oder gräulich, meist glatt, manchmal mit konzentrischen Bändern oder Furchen. Rand häutig-kantig. Röhrchen bis 4 cm lang. Poren am Fruchtkörperrand länglich-verzogen oder labyrinthartig aufgelöst. Fleisch ockergelb bis blaßrotbraun. Auf Eichen. Während des ganzen Jahres. Häufig.

Birkenblättling *Lenzites betulina* +
Fruchtkörper halbkreisförmig, 2 – 8 cm breit, 0,3 – 2 cm dick, dachziegel-artig. Oberfläche weiß bis grau, mit konzentrischen Ringen, samtig. Auf der Unterseite blasse, dünne, holzige Röhren, lamellenartig. Fleisch dünn, weiß, zuerst elastisch, später korkig-zäh. V. a. an Birkenstümpfen. Während des ganzen Jahres. Häufig.

Dauerporling *Coltricia perennis* +
Fruchtkörper in der Mitte gestielt, trichterförmig zusammengerollt, 3 – 8 cm breit, konzentrisch gebändert, kräftig rostorange oder rostrot, ziemlich dünn, lederig, samtig. Röhrchen nur bis 3 mm tief, zimtfarben, bis zum Stielanteil hinabreichend. Poren bernsteinfarben, rostfarben oder dunkelbraun, ziemlich klein. Fleisch gelblichbraun oder rostbraun, faserig, zäh. Sporen gelblich oder bräunlich. Auf sandigen Böden in Wäldern und Heiden, besonders auf Brandstellen. Während des ganzen Jahres. Ziemlich verbreitet. Unterscheidet sich von den zentral gestielten Porlingen (*Polyporus* im engeren Sinne) durch das rostfarbene Fleisch.

Rötende Tramete
Daedaliopsis confragosa

Ungenießbar

Eichenwirrling
Daedalea quercina

Ungenießbar

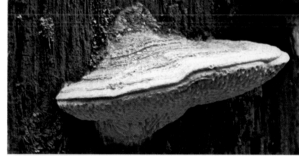

Birkenblättling
Lenzites betulina

Ungenießbar

Dauerporling
Coltricia perennis

Ungenießbar

Blätterpilze (Hutpilze), Agaricales

Die Pilzarten dieser Gruppe besitzen sporenbildende Schichten in Form von Röhrchen oder Lamellen, die in jedem Fall weich sind und sich darin von den Arten der Aphyllophorales unterscheiden. Das Pilzfleisch der Agaricales ist leicht vergänglich und niemals holzig oder hart, manchmal vielleicht etwas ledrig. Die Röhrlinge unter den Agaricales tragen auf der Hutunterseite eine schwammige Röhrchenschicht. Der Hut selbst sitzt auf einem zentral angebrachten Stiel. Wir stellen einige Vertreter der vier Gattungen: *Boletus, Tylopilus, Suillus* und *Leccinum* (früher alle in der Gattung *Boletus* zusammengefaßt), nachfolgend vor.

Boletus (Dickröhrlinge)

Hutoberseite in feuchtem Zustand nicht oder nur wenig klebrig. Stiel knollig dick, Sporen olivbraun oder rotbraun.

Maronenröhrling *Boletus badius (Xerocomus badius)* **

Hut 3 – 15 cm, flach oder leicht gewölbt, dunkel- oder kastanienbraun, zuerst leicht klebrig, später trocken und glatt. Röhrchen zitronengelb. Poren eckig, ziemlich groß, weißlich oder grünlich gelb, laufen bei Berührung sofort blau an. Stiel 6 – 10 cm hoch, 2 – 3 cm dick, drehrund, braun, blasser als der Hut. Fleisch blaßgelb, verfärbt sich beim Anschneiden blau. Besonders in Nadelwäldern. August – November. Häufig. Guter Speisepilz.

Rotfußröhrling *Boletus chrysenteron* *

Hut 3 – 10 cm, gewölbt, später flach, tiefpurpurn oder rußig-braun bis rehbraun-grau. Oberseite samtig, oft rissig, mit rosa durchscheinendem Fleisch. Poren schwefelgelb, zuletzt schmutzigoliv, groß, eckig, beim Verletzen blauend. Stiel 4 – 8 cm hoch, 1 – 1,5 cm dick, drehrund, oben gelblich, an der Basis scharlachrot. Fleisch erdbeerfarben, im Stiel bräunlicher. Im Laub- und Nadelwald. Häufig.

Ziegenlippe *Boletus subtomentosus (Xerocomus subtomentosus)* *

Dem Rotfuß-Röhrling recht ähnlich, aber ohne Rotfärbung des Stiels oder zwischen den Rissen der Huthaut. Poren bleiben chrom- oder goldgelb, färben nicht olivbraun um. *Boletus lanatus* * ähnelt der Ziegenlippe, Poren verfärben sich bei Verletzung rasch blau. Hutoberseite mit Ammoniaklösung bläulich oder gelblichgrün. *Boletus spadiceus* ist durch das rote Netzwerk, das den Stiel überzieht, gut kenntlich.

Glattstieliger Hexenröhrling *Boletus erythropus* **

Hut 5 – 16 cm, flachgewölbt, schmutzig rötlichbraun bis tabak- oder olivbraun, glatt, feucht, ein wenig klebrig. Röhrchen zitronengelb bis grünlich. Poren rund, klein, orangerot. Stiel 5 –14 cm hoch, 2 – 5 cm dick, rund, am Grunde manchmal verdickt, gelblich, dicht scharlachrot gesprenkelt. Fleisch gelblich. Alle Teile bei Verletzung blauend. Besonders im Nadelwald. September – November. Häufig. Der Netzstielige Hexenpilz (*Boletus luridus*) ** ist sehr ähnlich, hat aber einen purpurgenetzten Stiel.

Maronenröhrling
Boletus badius

Eßbar

Rotfußröhrling
Boletus chrysenteron

Eßbar

Ziegenlippe
Boletus subtomentosus

Eßbar

Glattstieliger Hexenröhrling
Boletus erythropus

Eßbar

Steinpilz *Boletus edulis* **

Hut 6 – 20 cm, mehr oder weniger flachkugelig gewölbt, mittel- oder kastanienbraun, manchmal auch dunkelziegelrot. Hutrand heller, mit weißlichem Saum. Oberseite glatt, bei feuchtem Wetter nur wenig klebrig. Röhrchen weiß, später gelblich-grau, mit kleinen, runden, ähnlich gefärbten Poren. Stiel 3 – 23 cm hoch, 3 – 7 cm dick, ziemlich kräftig, rund, in der Mitte etwas angeschwollen, von blaß-bräunlicher Färbung mit erhabenem, weißem Netzwerk in der oberen Hälfte. Fleisch weiß, nicht blauend. In Laub- und Nadelwäldern. August-November. Häufig. Verwechslungsarten zu diesem sehr bekannten und geschätzten Speisepilz sind *Boletus aestivalis* **und der Kiefernsteinpilz (*Boletus pinicola*) ** Von den zahlreichen anderen Arten dieser Gattung ist *Boletus piperatus* erwähnenswert, der stark nach Pfeffer schmeckt. Der Satanspilz (*Boletus satanas*) + ist der einzige giftige Vertreter dieser Gattung. Mit seinem weißlichen Hut und den blutroten Poren ist er gut zu erkennen.

Gallenröhrling *Tylopilus felleus (Boletus felleus)* + +

Hut 6 – 12 cm, anfangs halbkugelig, dann gewölbt, später flacher, von honig- oder ockergelber bis tabakbrauner Färbung. Stiel ähnlich gefärbt, mit deutlichem dunkelbraunem Netzwerk. Röhrchen ziemlich lang. Poren schmutzigrosa oder rosa-schwärzlich. Sporen braunrosa. Schmeckt bitter. In Laub- und Nadelwäldern, oft unter Rotbuche oder Eiche. August – November. Verbreitet.

Suillus (Schleimröhrlinge)

Auffallend klebrige Hutoberseite, die bei feuchtem Wetter auch schleimig sein kann (Name!). Stiele mit und ohne Ring.

Kuhröhrling *Suillus bovinus* *

Hut 5 – 10 cm, gewölbt, später abgeflacht, ockergelb, zimtfarben oder leicht rötlich. Rand blasser oder weißlich. Stiel 4 – 6 cm hoch, 5 – 8 cm dick, gelblich bis blaßbraun, drehrund. Röhrchen teilweise am Stiel herablaufend. Poren sehr grob, oft unterteilt, honigfarben oder rostbraun. Fleisch gelblich, nur schwach blauend, zäh. In Kiefernwäldern. Juli – November. Ziemlich häufig.

Goldröhrling *Suillus grevillei (Boletus elegans)* *

Hut 3 – 10 cm, anfangs stumpfkegelig, später flacher oder gebuckelt, goldgelb, sehr schleimig. Stiel 5 – 7 cm hoch, bis 12 cm breit, zylindrisch, punktiert oder mit feinem Netzwerk überzogen, chrom- bis zitronengelb, später rostrot, im oberen Abschnitt blaßgelb oder weißlich. Häutiger Ring mit rostbrauner Unterseite. Röhrchen etwas am Stiel herablaufend. Poren klein, ekkig, schwefelgelb, später bräunlich. Fleisch blaßgelb, im Stiel kräftiger gefärbt, anlaufend. Nur bei Lärchen. März – November. Recht häufig. Der Butterpilz (*Suillus luteus*) ** unterscheidet sich durch seinen rötlichen bis schokoladenbraunen Hut und einen großen, zuerst weißen, dann purpurbraunen Ring. Im Nadelwald, v. a. bei Kiefern, August – November. Häufig.

Steinpilz
Boletus edulis

Eßbar

Gallenröhrling
Tylopilus felleus

Schwach giftig

Kuhröhrling
Suillus bovinus

Eßbar

Goldröhrling
Suillus grevillei

Eßbar

Leccinum (Rauhstielröhrlinge)

Langer, rauher, mit kleinen, dunkelfarbenen oder schwarzen Schuppen besetzter Stiel. Sporen ockergelb oder dunkelbraun, ohne Olivtöne.

Rötender Birkenpilz *Leccinum variicolor*
Hut 5 – 9 cm, gewölbt, mausgrau, mit braungrauer, nußfarbener oder ockergelber Punktierung, zuerst faserig, später glatt, bei feuchtem Wetter klebrig. Röhrchen weiß, cremefarben, bei Verletzung blaß weinrot oder rosa verfärbend. Stiel 12 – 18 cm hoch, 2 – 2,5 cm breit, weiß, rauh, mit weißlichen oder rauchgrauen Schuppen besetzt, die sich zur Basis hin zu einem Netzwerk verdichten, verfärbt sich beim Anschneiden grünlichgelb oder intensiv grün bis blau. Fleisch rötend. Unter Birken. Juli – November. Häufig. Der verwandte Birkenpilz (*Leccinum scabrum*) bleibt beim Anschnitt unveränderlich. Hut etwas blasser braun.

Dunkle Rotkappe, Rothäubchen *Leccinum testaceo-scabrum* **
Hut 5 – 10 cm, halbkugelig gewölbt, ziegelrot oder dunkelorange, etwas flaumig. Rand deutlich über die Sporenschicht heruntergezogen. Stiel 8 – 15 cm hoch, 2 – 3 cm dick, weißlich bis hellgrau, mit schwärzlichen oder zigarrenbraunen Schuppen, zur Basis hin angeschwollen. Poren klein, rund, blaßgrau, zuletzt blaß graubraun, bei Verletzung dunkelrot oder blau anlaufend. Fleisch weißlich, später grau, zuletzt fast schwärzlich-schiefergrau, blaugrün in der Stielbasis. Unter Birken. Juli – November. Häufig.

Lamellenpilze

Hierher gehören Pilze mit weichem, leicht verderblichem Fleisch, deren sporenbildende Schicht auf Lamellen untergebracht ist. Stiel gewöhnlich in der Mitte, nur manchmal seitlich oder überhaupt fehlend. Diese Arten werden zuerst vorgestellt, gefolgt von den Milchlingen (*Lactarius*), Täublingen (*Russula*) und Ellerlingen (*Hygrophorus*). Die übrigen Lamellenpilze werden nach ihrer Sporenfarbe behandelt.

Ungestielte oder seitlich gestielte Lamellenpilze:

Gemeiner Spaltblättling *Schizophyllum commune* +
Hut 1 – 4 cm, fächer- oder nierenförmig, oft gelappt, grauweiß oder braungrau. Ziemlich haarig oder filzig. Ungestielt. Rand eingeschlagen, Lamellen graubraun bis purpurn, reißen der Länge nach auf und rollen sich zusammen. Auf totem Holz, auch auf Bauholz. Während des ganzen Jahres. Recht häufig.

Eichen-Zwergknäueling *Panellus stypticus* +
Hut 1 – 3 cm, flach gewölbt, dünn, fast nierenförmig, blaß zimtbraun bis gelblichbraun, schuppig. Ränder eingeschlagen. Lamellen gelblich bis zimtfarben, sehr eng, mit Leisten verbunden. Stiel sehr kurz, 5 – 20 mm hoch, 2 – 3 mm dick, weißlich. Sporen weiß. Fleisch etwas zäh. Geschmack bitter. Oft gesellig auf abgestorbenen Stümpfen und Ästen. Während des ganzen Jahres. Häufig.

Rötender Birkenpilz
Leccinum variicolor

Eßbar

Dunkle Rotkappe
Leccinum testaceo-scabrum

Eßbar

Gemeiner Spaltblättling
Schizophyllum commune

Ungenießbar

Eichen-Zwergknäueling
Panellus stypticus

Ungenießbar

Gallertfleischiges Stummelfüßchen *Crepidotus mollis* +
Hut 3 – 7 cm, nieren- oder muschelförmig, gelblich-cremefarben bis weißlich, glatt, flach, etwas wellig, mit sehr kurzem oder nur angedeutetem Stiel. Oft in Kolonien. Lamellen bleich, später dunkel zimtfarben. Von anderen *Crepidotus*-Arten durch eine etwas gallertige, elastische Schicht im Hut unterschieden. Sporen gelbbraun. Auf abgestorbenen Ästen und Stümpfen von Laubbäumen. Juli – November. Ziemlich häufig.

Austernseitling *Pleurotus ostreatus* **
Hut 7 – 13 cm, muschelförmig bis kappenförmig, gewölbt, zuletzt ziemlich flach, im jungen Stadium dunkel blaugrau oder taubengrau, später fast schwarz oder rauchbraun bis blaß gelblichbraun. Gewöhnlich zu mehreren zusammen. Mitunter mit einem sehr kurzen, dicken, weißen Stiel 2 – 3 cm hoch, 1 – 2 cm dick, rand- bis seitenständig. Lamellen weiß oder blaß gelblich, am Stiel weit herunterreichend und am Grunde verwachsen. Fleisch weiß, ein wenig faserig. Sporen rötlichviolett. Auf Stämmen und Stubben, gewöhnlich auf Laubhölzern, besonders auf Rotbuche. Während des ganzen Jahres. Häufig. Nur im jungen Zustand ein guter Speisepilz.

Lactarius (Milchlinge, Reizker)

Eine umfangreiche Gattung mit vielen Arten, an ihrer weißen, seltener wasserklaren Milchflüssigkeit zu erkennen, die bei Verletzung abgesondert wird. Fleisch sehr brüchig. Sporen weiß, färben sich mit Jodjodkali-Lösung intensiv violett-schwarz. Mit den Täublingen nahe verwandt. Bei den Milchlingen läuft die Lamellenschicht gelegentlich etwas am Stiel herab.

Pfeffermilchling *Lactarius piperatus* +
Hut 5 – 22 cm, weiß oder cremefarben, flach-trichterig, anfangs mit eingerolltem Rand. Lamellen hell, sehr zahlreich und eng gestellt, gabelig verzweigt. Stiel 3 – 7 cm hoch, 2 – 5 cm dick, zylindrisch oder nach oben etwas breiter. Milchsaft weiß, mit sehr beißendem Geschmack. In Laubwäldern. Juli – Oktober. Häufig. Der Wollige Milchling (*Lactarius vellereus*) unterscheidet sich durch einen größeren (ca. 30 cm) Hut und weiter gestellte Lamellen. Der Scheckige Milchling (*Lactarius controversus*) * ist ebenfalls weißlich-hell, zusätzlich aber rötlich oder karminrot gefleckt. Oft unter Pappeln oder, im Dünenbereich, mit der Kriechweide vergesellschaftet.

Birkenreizker *Lactarius torminosus* +
Hut 4 – 12 cm, gewölbt, später in der Mitte etwas eingedellt, bleich lachs- oder erdbeerfarben, oft undeutlich gebändert. Rand umgebogen, haarig, fransig. Lamellen blaß, fleischfarben, dünn, sehr eng. Stiel 6 – 9 cm hoch, 1,5 – 2,5 cm dick, zylindrisch, leicht flaumig, lachsrosa. Milchsaft weiß, von beißendem Geschmack. Auf den Böden von Wäldern und Heiden, besonders unter Birken. August – September. Häufig.
Der Flaumige Milchling (*Lactarius pubescens*) ist kleiner, weißlich bis ockerfarben und kommt unter Birken auf Sandböden vor. Selten.

**Gallertfleischiges
Stummelfüßchen**
Crepidotus mollis

Ungenießbar

Austernseitling
Pleurotus ostreatus

Eßbar

Pfeffermilchling
Lactarius piperatus

Ungenießbar

Birkenreizker
*Lactarius
torminosus*

Ungenießbar

Edelreizker *Lactarius deliciosus* **

Hut 3 – 10 cm, gewölbt und tief eingedellt, später flach trichterförmig, orange rot mit konzentrischen, dunkleren Streifen, mitunter auch grünlich, etwa klebrig. Lamellen sehr wenig am Stiel herablaufend, blaß orange- oder sal rangelb, recht breit, aber eng gestellt. Stiel 3 – 4 cm hoch, 1,5 – 2 cm dick zylindrisch, steif und kompakt, später hohl, orange oder ziegelrot, manchma auch grünlich. Milchsaft orange, zunächst unveränderlich, dann verblassend von mildem oder angenehm bitterem Geschmack. Unter Kiefern oder Fich ten. Juli – Oktober. Besonders häufig in Osteuropa. Nach Westen seltener. Von dieser Art werden neuerdings viele Kleinarten abgetrennt. In Westeuro pa scheint der Fichtenreizker (*Lactarius deterrimus*) am häufigsten zu sein dessen Milchsaft innerhalb zehn Minuten purpurrot umfärbt und nach eine halben Stunde weinrot ist. Als Speisepilz weniger geeignet. *Lactarius semi sanguifluus* ist ebenfalls sehr ähnlich, doch dunkelt sein Milchsaft berei nach drei Minuten. Außerdem ist der Stiel nach oben verdickt. *Lactarius sub salmoneus* besitzt einen breiten, orangegelben oder aprikosefarbenen Hu ohne grünliche Flecken. Milchsaft immer blutrot. Der Goldflüssige Milchlin (*Lactarius chrysorrheus*) fällt durch seinen sehr schnell nach Schwefelgel umschlagenden Milchsaft auf. Fleisch konzentrisch gebändert. Unter Eichen Verbreitet.

Graugrüner Milchling *Lactarius blennius* +

Hut 4 – 11 cm, nur flach gewölbt, später etwas eingedellt, blaßoliv bis grau grün oder gräulich-rosa, mit dunkleren, häufig konzentrisch angebrachte Tupfen, feucht sehr schleimig. Rand umgebogen. Lamellen weiß bis blaß le derfarben, bei Verletzung braungrau. Stiel 4 – 5 cm hoch, 10 – 15 mm brei zylindrisch, blaßoliv. Milchsaft weiß, getrocknet grau. Besonders in Buchen wäldern. Häufig.

Tannenreizker *Lactarius turpis* +

Hut 6 – 30 cm, gewölbt, später eingedellt, dunkel olivbraun oder olivschwarz Rand etwas heller. Lamellen cremefarben oder gelblich, bei Verletzung blaß rot. Stiel 4 – 8 cm hoch, 10 – 25 mm dick, derb, oliv bis weißlich, schleimig hohl, oft getüpfelt. Milchsaft weiß, sehr beißend. Unter Birken, auch im Na delwald, besonders auf feuchten Böden. Alle Teile reagieren mit Ammoniak Lösung purpurviolett. August – November. Häufig.

Beißender Milchling *Lactarius pyrogalus* +

Hut 5 – 10 cm, flach, später breit-trichterförmig, etwas klebrig, aber nich schleimig, graubraun oder gelblich, schwach gebändert. Lamellen gelblic bis fleischfarben, später zimtfarben. Stiel 4 – 6 cm hoch, 6 – 12 mm dick, zy lindrisch, von der Färbung des Hutes oder blasser. Milchsaft weiß, sehr bei ßend, verfärbt sich mit Alkali orangegelb. Unter Hasel. Recht häufig. Der ähnliche Gebänderte Milchling (*Lactarius circellotus*) hat gelbliche La mellen, gelblichen Milchsaft und einen deutlich gebänderten oder gestreifte Hut. Selten.

Edelreizker
Lactarius deliciosus

Eßbar

Graugrüner Milchling
Lactarius blennius

Ungenießbar

Tannenreizker
Lactarius turpis

Ungenießbar

Beißender Milchling
Lactarius pyrogalus

Ungenießbar

Kleiner Duftmilchling *Lactarius glyciosmus* *

Hut 2–7 cm, anfangs gewölbt, mitunter mit sehr kleinem Punkt in der Mitte, gewöhnlich graulila oder dunkel lederfarben. Lamellen blaßgelblich bis blaßfleischfarben, später ebenfalls graulila, eng, am Stiel etwas herablaufend. Stiel 2,5 – 5 cm hoch, 4 – 8 mm dick, zylindrisch, flaumig, von der Färbung des Huts oder blasser. Milchsaft weiß, riecht nach Kokosmilch, später ein wenig beißend. Auf feuchten Böden in Wäldern. August – November. Häufig.

Der Graufleckende Milchling (*Lactarius vietus*) ist recht ähnlich, riecht jedoch nicht kokosartig. Sein Milchsaft wird beim Trocknen grau. Unter Birken, besonders auf feuchten Böden. Ziemlich verbreitet.

Rotbrauner Milchling *Lactarius rufus* +

Hut 5 – 10 cm, gewölbt, später ziemlich flach, zuletzt deutlich eingedrückt, häufig mit erhabener Mitte oder mit zentralem Punkt, rotbraun, dunkelbraun oder dunkel ziegelrot. Lamellen zunächst gelblich, dann wie der Hut gefärbt oder blasser. Stiel 5 – 8 cm hoch, 1 cm dick, zylindrisch, wird hohl. Von gleicher Färbung wie die Lamellen. Milchsaft weiß, schmeckt erst nach einer Weile stark brennend-scharf. In Kiefernwäldern. Juni – November. Sehr häufig.

Eichenreizker *Lactarius quietus* +

Hut 3 – 9 cm, erst gewölbt, dann flacher oder leicht eingedellt, dunkel braunrot bis zimtfarben, oft mit undeutlicher, dunklerer, konzentrischer Bänderung oder Fleckung. Lamellen bräunlich-weiß, später blaß rötlichbraun, etwas am Stiel herablaufend. Stiel 4 – 9 cm hoch, 1 – 1,5 cm dick, von der Färbung des Huts oder dunkler, zylindrisch, oft längs gefurcht. Milchsaft weiß oder leicht cremig, schmeckt mild oder schwach bitter. Riecht etwas ölig oder nach Wanzen. Immer in der Nähe von Eichen. September – November. Recht häufig.

Orangeroter Milchling *Lactarius mitissimus* *

Hut 3 – 8 cm, gewölbt, kräftig bläulich-orange oder aprikosefarben, fühlt sich samtig an, schwach klebrig. Rand umgeschlagen. Lamellen blaßockerfarben, wenig am Stiel herablaufend. Stiel 2 – 8 cm hoch, 8 – 12 mm dick, zylindrisch, von gleicher Färbung wie der Hut. Stark milchend, Milchsaft weiß, von mildem Geschmack. Auf dem Boden von Laub- und Nadelwäldern. September – November. Häufig.

Der Orangefuchsige Milchling (*Lactarius fulvissimus*) ist recht ähnlich (oft als Kleinart angesehen), aber nicht samtig, insgesamt dunkler und mit scharf schmeckendem Milchsaft. *Lactarius rubrocinctus* trägt am Lamellenansatz des Stiels ein rötliches Band. Der Brätling (*Lactarius volemus*) ** zeichnet sich durch einen Fischgeruch und bräunlich verfärbende Lamellen aus. Der Bruchreizker (*Lactarius helvus*) + gibt wasserklaren Milchsaft. Der Pilz riecht getrocknet sehr aromatisch und wird trotz leichter Giftigkeit immer noch als Würzpilz verwendet. In Mooren, Heiden, Nadelwäldern.

Kleiner Duftmilchling
Lactarius glyciosmus

Eßbar

Rotbrauner Milchling
Lactarius rufus

Ungenießbar

Eichenreizker
Lactarius quietus

Ungenießbar

Orangeroter Milchling
Lactarius mitissimus

Eßbar

Später Milchling *Lactarius hepaticus* +
Hut 2,5 – 7 cm, anfangs gewölbt, später flacher, manchmal mit einem zentralen Punkt, leberfarben oder kastanienbraun. Rand oft gekräuselt oder krempig, Lamellen blaß lederfarben, später kräftiger braun oder blaß ockerfarben, am Stiel etwas herablaufend. Stiel selbst 3 – 4 cm hoch, 5 – 10 mm dick, rötlichbraun bis dunkelziegelrot, zylindrisch. Milchsaft weiß, beim Trocknen vergilbend, wird auf einem weißen Taschentuch in zwei Minuten schwefelgelb. Unter Kiefern. September – November. Nicht sehr häufig.

Flatterreizker *Lactarius tabidus* +
Hut 2 – 4 cm, flach gewölbt mit zentraler Eindellung, häufig auch mit einem Punkt in der Mitte, dunkelockerfarben, lederfarben oder rotgelb. Lamellen blaßgelb, zimtfarben mit rötlichem Anflug, am Stiel etwas herablaufend. Milchsaft weiß, nur spärlich, langsam nach Gelb verfärbend, mit Alkali kräftig orange, schmeckt leicht brennend, meist aber mild. Unter verschiedenen Laubbäumen, meist unter Birken. August – November. Häufig.

Süßlicher Milchling *Lactarius subdulcis* *
Hut 5 – 8 cm, flach ausgebreitet, mit deutlicher Eindellung, rotbraun, rostfarben oder dunkel zimtfarben, mitunter auch zu hellerem Braun ausbleichend, in der Mitte dunkler, glatt, trocken. Lamellen zunächst weiß oder weißlich, später leicht rosa getönt. Stiel 2,5 – 5 cm hoch, 4 – 10 mm dick, zylindrisch, manchmal längs gefurcht, von der gleichen Farbe wie der Hut, oben etwas blasser. Reichlich weißer Milchsaft, nicht nach Gelb umfärbend (vgl. vorige Arten!), von mildem Geschmack. In Laubwäldern, besonders unter Rotbuchen. August – November. Häufig.

Russula (Täublinge)

Sehr umfassende Gattung mit annähernd 200 Arten in Europa, die an ihrem brüchigen Fleisch und ihren, von Ausnahmen abgesehen, spröden Lamellen gut kenntlich sind. Hüte meist lebhaft gefärbt. Bilden mit den Wurzeln vieler Bäume eine Partnerschaft (Mycorrhiza). Die Bestimmung ist nicht immer einfach.

Blaublättriger Weißtäubling *Russula delica* *
Hut 5 – 18 cm, gewölbt, trichter- oder becherförmig, mitunter gelblichbräunlich, matt. Rand stark eingerollt. Lamellen weißlich, zum Stiel hin oft bläulich. Stiel 2 – 6 cm hoch, 2 – 5 cm dick, weiß, an der Spitze oft blau überlaufen. Fleisch weiß, unveränderlich. Sporen weiß. Geschmack sehr beißend und bitter. Geruch deutlich nach Wanzen oder nach Fisch. Unter Laub- und Nadelbäumen. Häufig. Einige Varietäten erinnern im Aussehen an *Lactarius piperatus* und *Lactarius vellereus,* milchen jedoch nicht.

Später Milchling
Lactarius hepaticus

Ungenießbar

Flatterreizker
Lactarius tabidus

Ungenießbar

Süßlicher Milchling
Lactarius subdulcis

Eßbar

Blaublättriger Weißtäubling
Russula delica

Eßbar

Dickblättriger Schwärztäubling *Russula nigricans* *

Hut 10 – 20 cm, gewölbt, aber mit tiefer Trichteröffnung, schmutzigweiß, braun oder schließlich auch schwarz, trocken. Rand zunächst eingeschlagen. Lamellen rosa bis oliv, graurosa anlaufend bei Verletzung, mitunter auch schwärzend, sehr dick, mit weiten Zwischenräumen. Stiel 3 – 8 cm hoch, 1 – 4 cm dick, zunächst weiß, dann ebenfalls braun oder schwarz, hart. Fleisch weiß, wird an der Luft graurosa und färbt später grau oder schwarz um. Sporen weiß. Geschmack schwach beißend. Geruch fruchtig. Unter Laub- und Nadelbäumen. August – November. Recht häufig.

Dichtblättriger Schwärztäubling *Russula densifolia* *

Hut 5 – 15 cm, weißlich oder dunkelbraun, gelegentlich auch schwarz, flach gewölbt, allmählich eingedrückt, von der Form eines Champagnerglases, im feuchten Zustand klebrig. Rand anfangs eingeschlagen. Lamellen weiß bis cremefarben, etwas am Stiel herablaufend, engstehend und ziemlich schmal. Stiel 3 – 6 cm hoch, 1 – 3 cm dick, weiß, dann dunkelbraun oder schwärzlich, bei Verletzung rötlich anlaufend, hart. Fleisch weiß, ebenfalls rötend, ziemlich bald grau, dunkelgrau oder braunschwarz. Sporen weiß. Geschmack brennend scharf, gelegentlich aber auch mild. Geruch undeutlich. Unter Laub- und Nadelbäumen. Ziemlich häufig. Zu verwechseln mit dem seltenen Brandtäubling (*Russula adusta*), dessen Fleisch nicht oder nur schwach rötet nach dreißig Minuten immer noch grau ist und nicht schwärzt. Geschmack mild. Unter Nadelbäumen. Der Schwärzende Täubling (*Russula albonigra*) ist der vorigen Art ziemlich ähnlich, anfangs aber reinweiß und sehr schnell an allen Verletzungsstellen schwärzend. Selten.

Camemberttäubling *Russula sororia* +

Hut 3 – 6 cm, leicht rosa, grau oder manchmal auch weiß, feucht, etwas klebrig. Ränder dicht gefurcht, mit kleinen Warzen. Lamellen cremefarben bis schmutzigweiß, an den Rändern bräunlich, gerade oder bogig. Stiel 3 – 6 cm hoch, 1 – 2 cm dick, weißlich. Geschmack unangenehm ölig oder nach Camembertkäse, Geruch ähnlich. Unter Eichen. September – November. Häufig.

Stinktäubling *Russula foetens* +

Hut 5 – 15 cm, dunkelbräunlich, ockerbraun oder honigfarben, anfangs deutlich kugelig oder kegelig, später flacher gewölbt, dick und fleischig, Oberfläche schleimig. Ränder gefurcht und warzig. Lamellen cremefarben, oft bräunlich gepunktet, dicklich, nicht sehr eng stehend. Stiel 5 – 12 cm hoch, 1,5 – 4 cm dick, zylindrisch oder in der Mitte verdickt, weißlich oder bräunlich, mit unregelmäßigen Vertiefungen, hart und steif, aber leicht brüchig. Fleisch weißlich. Geruch ölig oder ranzig. Lamellen schmecken scharf, Stielfleisch dagegen mild. Unter Nadelbäumen. August – November. Häufig. Der Mandeltäubling (*Russula laurocerasi*) ist sehr ähnlich, unterscheidet sich aber durch den auffallenden Bittermandelgeruch.

Dickblättriger Schwärztäubling
Russula nigricans

Eßbar

Dichtblättriger Schwärztäubling
Russula densifolia

Eßbar

Camemberttäubling
Russula sororia

Ungenießbar

Stinktäubling
Russula foetens

Ungenießbar

Zitronentäubling *Russula ochroleuca* *
Hut 4 – 12 cm, flach, in der Mitte leicht eingedellt, ockergelb, gelb oder manchmal gelblichgrün. Rand glatt, später gefurcht. Lamellen cremefarben. Stiel 4 – 7 cm hoch, 1,5 – 2,5 cm dick, zerbrechlich, weiß, im Alter grau (besonders, wenn er mit Wasser vollgesogen ist). Geschmack etwas scharf, manchmal jedoch auch ziemlich mild. Sporen weißlich bis cremefarben. Unter Laub- und Nadelbäumen. August – November. Sehr häufig, gehört zu den verbreitetsten *Russula*-Arten.

Gelber Grünstieltäubling *Russula claroflava* **
Hut 4 – 10 cm, gewölbt, gelb bis ockergelb. Rand zunächst glatt, später schwach gefurcht. Lamellen blaß ockerfarben. Stiel 4 – 10 cm hoch, 1 – 2 cm dick, weich, aber nicht brüchig. Alle Teile werden bei Verletzung oder im Alter dunkelgrau oder schwarz. Geschmack mild oder etwas scharf (besonders bei jungen Exemplaren). Sporen ockerfarben. Vorzugsweise unter Birken auf feuchten Böden. September – November, manchmal auch Mai – Juni. Häufig. Der Schöngelbe Täubling (*Russula lutea*) * hat einen gelben, oft auch korallenroten Hut (2 – 7 cm) und ist insgesamt kleiner. Man erkennt ihn an den safrangelben Lamellen und am fruchtigen, aprikoseähnlichen Geruch. Geschmack mild. Unter Laubbäumen. Juli – November. Ziemlich häufig.

Gallentäubling *Russula fellea* +
Hut 4 – 9 cm, strohgelb bis blaßhonigfarben oder tabakbraun. Ränder glatt oder leicht gefurcht. Lamellen und Stiel von der gleichen Färbung wie der Hut, etwas blasser. Sporen weiß. Geschmack sehr scharf und bitter. Riecht deutlich nach Pelargonien. Wenn der Stiel mit Eisenalaun gerieben wird, färbt er sich allenfalls cremefarben und nicht lachsrosa wie bei den meisten Täublingen. Unter Rotbuchen. August – November. Häufig.

Frauentäubling *Russula cyanoxantha* *
Hut 5 – 15 cm, zunächst kugelig, später flacher und ausgebreitet, aber immer deutlich gewölbt, von wechselnder Färbung, meist jedoch dunkellila mit purpurner, weinfarbener oder oliver Tönung, manchmal auch grünlich oder bräunlich, selten auch ganz grün, fest oder hart, im feuchten Zustand schmierig, mit feinen, von der Mitte ausgehenden, verzweigten Adern. Lamellen weißlich oder sehr blaß, ziemlich schmal, manchmal gabelig geteilt, biegsam, aber nicht spröde, ölig. Stiel 5 – 10 cm hoch, 1,5 – 3 cm dick, weiß, manchmal purpurn überlaufen, hart, ohne oder mit grünlicher Verfärbung bei Eisenalaun-Behandlung. Sporen weißlich. Unter Laubbäumen. Juli – November. Recht häufig.
Russula grisea ** (im weitesten Sinne) ist ähnlich, die Lamellen sind jedoch cremefarben, und der Stiel färbt sich mit Eisenalaun lachsfarben. Zu dem Komplex sehr ähnlicher und schwer unterscheidbarer Kleinarten gehört auch der Blaugrüne Täubling *Russula parazurea* ** mit gewöhnlich grauem oder bläulichem Hut, der auch grünliche, bräunliche oder violette Tönungen zeigt. Unter Laubbäumen. Häufig.

Zitronentäubling
Russula ochroleuca

Eßbar

Gelber Grünstieltäubling
Russula claroflava

Eßbar

Gallentäubling
Russula fellea

Ungenießbar

Frauentäubling
Russula cyanoxantha

Eßbar

Speisetäubling *Russula vesca* **

Hut 6 – 10 cm, anfangs halbkugelig, später flacher gewölbt und eingedellt, sehr veränderlich in der Färbung, oft nur in Pastellfarben von dunkel oder blaß weinfarben bis hellbraun, manchmal auch oliv, weißlich oder grünlich, fest und glatt. Die Huthaut ist vom Rand etwas zurückgezogen, so daß das Hutfleisch und die Lamellen sichtbar werden. Lamellen weißlich oder blaß cremefarben, ziemlich engstehend. Stiel 3 – 10 cm hoch, 1,5 – 2,5 cm dick, weiß, fest oder sogar ziemlich hart. Sporen weißlich, Geschmack nußartig. Stiel und Lamellen reagieren sehr empfindlich auf Eisenalaun und färben sich sofort lachsrosa an. Unter Laubbäumen. Juni – Oktober. Häufig.

Heringstäubling *Russula xerampelina* **

Hut 5 – 14 cm, sehr veränderlich in der Färbung: die Palette reicht von dunkelpurpurn, blutrot, weinrot, zimtfarben, honigfarben, lederbraun, strohgelb, rehbraun, ziegelrot bis dunkelbraun, auch Kombinationen dieser Farbtöne werden beobachtet, ziemlich fest, manchmal hart, trocken, matt. Rand glatt, im Alter gefurcht. Lamellen blaß bis mittelockergelb, ziemlich breit und dick. Stiel 3 – 11 cm hoch, 1 – 3 cm dick, weiß oder rosa, verfärbt sich bei Verletzung honig- oder ockerbräunlich, besonders entlang feiner Adern, fest, manchmal auch hart. Mit Eisenalaun dunkelgrün. Sporen ockerfarben. Geschmack mild. Geruch deutlich nach Heringen, besonders bei älteren Exemplaren. Unter Laubbäumen, besonders unter Rotbuche und Eiche. August – November. Häufig.

Sehr ähnlich ist der Rotfußtäubling (*Russula erythropus*), der oft auch nur als Varietät zur vorigen Art aufgefaßt wird. Hut und Stiel gewöhnlich dunkel blutrot gefleckt. Unter Nadelbäumen.

Zitronenblättriger Täubling *Russula sardonia* + +

Hut 4 – 10 cm, flach trichterig, violett, purpurn oder bräunlichrot, grünlich oder ockerfarben bis gelblich, hart. Lamellen zunächst primelgelb, später hellgelb oder zitronengelb. Stiel 3 – 8 cm hoch, 1 – 1,5 cm dick, manchmal weiß, sonst aber blaßlila bis graurosa, fest. Oberfläche etwas bestäubt. Sporen blaß ockerfarben. Fleisch blaß strohgelb. Geschmack beißend scharf. Geruch schwach fruchtig. Fleisch und Lamellen färben sich mit Ammoniak-Lösung rosa. Unter Kiefern. August – November. Häufig.

Schwarzpurpurner Täubling *Russula atropurpurea* +

Hut 4 – 10 cm, breit trichterig, im typischen Fall dunkel purpurrot, mit dunkler abgesetzter Mitte, manchmal auch mit mehr violetten oder roten Farbtönen, oft auch gelblich und mit cremefarben-bräunlichen Zonen. Rand glatt, nur im Alter gefurcht und ausfransend. Lamellen blaß cremefarben. Stiel 3 – 5 cm hoch, 1 – 2 cm dick, weiß, im Alter oft braun, zunächst ziemlich fest, dann aber weicher und brüchig. Sporen weißlich. Geschmack mild oder scharf. Geruch schwach fruchtig. Unter Laub- und Nadelbäumen. Juli – November. Häufig.

Speisetäubling
Russula vesca

Eßbar

Heringstäubling
Russula xerampelina

Eßbar

Zitronenblättriger Täubling
Russula sardonia

Schwach giftig

Schwarzpurpurner Täubling
Russula atropurpurea

Ungenießbar

Zerbrechlicher Täubling *Russula fragilis* + +

Hut 2 – 6 cm, sehr veränderlich in der Färbung, gewöhnlich purpurn oder violett-rötlich, jedoch auch blasser purpurrot, purpurviolett, oliv-grünlich oder sogar strohgelb, häufig auch in Kombinationen dieser Farbtöne. Meist klein, zart und zerbrechlich. Lamellen weiß bis blaßcremefarben, Ränder leicht nach innen gezogen. Stiel 2,5 – 6 cm hoch, 0,5 – 1,5 cm dick, zylindrisch oder keulig, weiß. Sporen weißlich. Geschmack sehr scharf. Geruch leicht fruchtig. Unter Laub- und Nadelbäumen. August – November. Häufig.

Russula betularum sieht ähnlich aus, doch reicht die Hutfärbung von dunkel bis blaßrosa, oft mit gelblichbrauner Mitte. Stiel länger als Hutdurchmesser. Unter Birken. Recht häufig.

Speitäubling *Russula emetica* +

Hut 5 – 10 cm, scharlach- oder blutrot, manchmal mit ockerfarbener oder weißlicher Zone, etwas glänzend, im feuchten Zustand klebrig. Ränder glatt, im Alter gefurcht, gleichzeitig löst sich die Huthaut ab und legt das rosafarbene bis rote Hutfleisch frei. Tiefere Fleischschichten weiß. Lamellen blaßgelb bis cremefarben. Stiel 5 – 8 cm hoch, 1 – 2 cm dick, zylindrisch oder zur Basis angeschwollen, brüchig. Sporen weißlich. Geschmack sehr scharf und brennend. Geruch schwach fruchtig. Unter Nadelbäumen, besonders Kiefern. August – November. Mehrere Varietäten sind beschrieben worden.

Kleiner Speitäubling *Russula mairei* +

Oft als Unterart der vorigen Art angesehen, aber von untersetzterem Bau. Hut 3 – 5 cm, halbkugelig oder flach gewölbt, rot oder rosa bis ganz weiß, ziemlich fest, mit dickem Fleisch. Lamellen weiß mit leichtem Grünton. Stiel 2,5 – 4,5 cm hoch, 1 – 1,5 cm dick, zylindrisch, weiß, ziemlich hart. Sporen weißlich. Geschmack sehr scharf. Geruch erinnert an Kokosnüsse. Unter Rotbuchen. August – November. Häufig.

Hygrophorus (Ellerlinge, Schnecklinge)

Erkennt man leicht am wächsernen Aussehen, vor allem der Lamellen, die sich im Querschnitt schmal-keilförmig darstellen. Viele Arten sind kräftig gefärbt, einige erscheinen auch heller oder weißlich. Sporen weiß. Heute auf mehrere Gattungen verteilt.

Elfenbeinschneckling *Hygrophorus chrysaspis* *

Hut 3 – 10 cm, gewölbt, später flach oder trichterig, weiß, in der Mitte manchmal etwas dunkler, schleimig-schmierig. Rand eingerollt. Lamellen weiß bis cremefarben, nur wenig herablaufend, dick, weitstehend. Stiel 4 – 10 cm hoch, 6 – 10 mm dick, weiß, schleimig, weißgepunktet. Der gesamte Pilz ist im Alter braunrot oder rostrot überlaufen. Stielbasis mit Alkali bräunlich-orange bis chromgelb. Unter Rotbuchen. August – November. Verbreitet. Häufig als Varietät von *Hygrophorus eburneus* angesehen.

Zerbrechlicher Täubling
Russula fragilis

Schwach giftig

Speitäubling
Russula emetica

Ungenießbar

Kleiner Speitäubling
Russula mairei

Ungenießbar

Elfenbein-schneckling
Hygrophorus chrysaspis

Eßbar

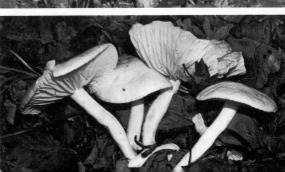

Frostschneckling *Hygrophorus hypothejus* *
Hut 2 – 6 cm, leicht gewölbt, meist flach, mit zentraler Eindellung, zunächst olivbraun, später blasser, in der Mitte dunkler als am Rand, schleimig. Lamellen blaßgelb, am Stiel herablaufend, mit größeren Zwischenräumen, dick. Stiel 5 – 10 cm hoch, 4 – 10 mm dick, weiß bis gelblich, zur Basis verschmälert, unterhalb der weißlichen Ringzeichnung etwas schleimig. Fleisch weißlich bis gelblich. In Nadelwäldern, vor allem unter Kiefern. Oktober – November. Häufig. Frostbeständiger Pilz.

Wiesenellerling *Hygrophorus pratensis* **
Hut 2,5 – 8 cm, gewölbt, später flacher, oft auch mit buckligem, aufragendem Mittelteil, glatt, lederbraun, orangerot oder mittelbraun. Lamellen blaßlederfarben, am Stiel weit herablaufend, dick und mit sehr weiten Zwischenräumen, am Grunde oft durch Adern verbunden. Stiel 4 – 6 cm hoch, 1 – 1,5 cm dick, von der Färbung des Hutes, aber blasser, nach oben verbreitert. Fleisch ledergelb oder gelblich. Auf offenem Gelände unter Gebüsch, auf Waldlichtungen oder Wiesen. August – Dezember. Häufig. Der Waldschneckling (*Hygrophorus nemoreus*) * ist ähnlich, aber schlanker, hat kleine Fasern in der Huthaut und einen mehligen Geruch. Stiel oberwärts bestäubt. In Wäldern.

Papageiensaftling *Hygrophorus psittacinus* *
Hut 2 – 5 cm, zunächst glockig gewölbt, dann flacher wie eine Qualle, sehr schleimig, anfangs grün, später gelblich, weißlich oder ziegelfarben, schließlich auch bräunlich oder purpurn. Ränder strahlig gestreift. Lamellen gelblich, an der Basis grünlich, breit, dicklich und nicht sehr eng. Stiel 4 – 7 cm hoch, 4 – 7 mm dick, zylindrisch, anfangs grünlich-schleimig, später besonders im unteren Teil gelblich. Auf Wiesen und Rasen. Juli – November. Nicht sehr häufig.

Schwärzender Saftling *Hygrophorus nigrescens* *
Hut 1 – 5 cm, glockenförmig oder spitzkegelig, nicht flach ausgebreitet, zitronen- bis orangegelb oder scharlachrot, sehr bald schwärzend, oft etwas unregelmäßig gestaltet und gelappt. Lamellen weiß, an der Basis gelblich grün, zunächst angewachsen, dann frei, sehr breit, dick und mit weiten Zwischenräumen. Stiel 5 – 7 cm hoch, 1 – 2 cm dick, zitronengelb oder scharlachrot gefärbt, bald mit schwarzen Streifen, am Grunde fast immer weiß, hohl, der Länge nach aufbrechend. Fleisch im Anschnitt graulila verfärbend. Auf Rasen und Wiesen. Juli – November. Verbreitet. Ähnlich sind beispielsweise *Hygrophorus conicus* mit spitzerem Hut und ohne weiße Stielbasis, *Hygrophorus coccineus* ** mit mehr rundlichem Hut, ohne schwärzende oder dunkel gefärbte Teile und mit verwachsenen Lamellen, sowie *Hygrophorus puniceus* *, eine weitere Art grasbewachsener Standorte, die durch ihren scharlach- oder blutroten Hut (10 cm) auffällt, der jedoch glockig ist und manchmal eigenartig gestutzt aussieht.
Die orangefarbenen oder gelben *Hygrophorus*-Arten sind nur mit Hilfe des Mikroskops sicher zu bestimmen. *Hygrophorus calyptraeformis* ist die einzige hellviolette oder rosa gefärbte Art mit spitzem Hut von 6 – 12 cm Breite. Auf Wiesen im Herbst. Selten.

Frostschneckling
*Hygrophorus
hypothejus*

Eßbar

Wiesenellerling
*Hygrophorus
pratensis*

Eßbar

Papageiensaftling
*Hygrophorus
psittacinus*

Eßbar

**Schwärzender
Saftling**
*Hygrophorus
nigrescens*

Eßbar

Hutpilze mit hellen oder weißen Sporen (außer Lactarius, Russula und Hygrophorus):

1a Stiel mit Ring und Scheide
   2a Stiel am Grunde mit Scheide, oder knollig mit Rand, oder mit wolligen Schuppen, flache, bewegliche Schuppen auf dem Hut
                                            Amanita S. 66
   2b Stiel am Grunde ohne Scheide oder Rand, Schuppen auf dem Hut, wenn vorhanden, unbeweglich
      3a Lamellen frei   *Lepiota* S. 70
      3b Lamellen verwachsen   *Cystoderma* S. 70, *Oudemansiella* S. 72
      3c Lamellen am Stiel herablaufend   *Armillaria* S. 72
1b Stiel ohne Ring oder Scheide   S. 72

Amanita (Knollenblätterpilze)

Mit Scheide oder knollig verdickter Stielbasis, bewegliche Schuppen auf dem Hut. Lamellen gewöhnlich frei. Oft mit ausgeprägtem Stielring.

Grüner Knollenblätterpilz *Amanita phalloides* + +
Hut 7 – 10 cm, grünlich oder gelblich oliv, gelegentlich auch bleicher oder fast weiß, oberseits strahlig gestreift, feucht etwas schleimig, manchmal mit flachen, weißen, hautähnlichen Flecken. Huthaut kann leicht abgezogen werden. Lamellen weiß, frei, ziemlich engstehend. Stiel 9 – 12 cm hoch, 1,5 – 2 cm dick, von der Färbung des Hutes oder blasser, glatt, zunächst kompakt, später hohl, nach oben verjüngt, mit großem schlaffem Ring. Stielbasis knollig in einer weißen, häutigen Scheide. Geruch alter Exemplare widerlich. Unter Laubbäumen, besonders Rotbuche und Eiche. Juli – Oktober. Häufig. Gefährlicher Giftpilz!

Weißer Knollenblätterpilz *Amanita virosa* + +
Hut 5 – 10 cm, flachgewölbt oder stumpfkegelig, meist ganz weiß, im Aussehen der vorigen Art ähnlich, aber mit schuppig-faserigem Stiel. Geruch fade. Unter Laubbäumen auf feuchtem Boden. Ziemlich selten. Tödlich giftig!

Kaiserling *Amanita caesarea* **
Hut 8 – 20 cm, orange oder dunkel-gelblich, glatt und ohne Schuppen oder Warzen. Lamellen gelb, frei. Stiel 6 – 14 cm hoch, 1 – 2,5 cm dick, gelb oder orange, meist mit weitem, herabhängendem, manschettenartigem Ring unterhalb des Hutes und einer häutigen Scheide an der Basis. Fleisch zart, weiß, ohne besonderen Geruch. Auf dem Boden saurer, warmer Wälder in Süddeutschland, Österreich, Frankreich und in Südeuropa. Sehr geschätzter Speisepilz!

Fliegenpilz *Amanita muscaria* + +
Hut 10–20 cm, zunächst halbkugelig, entfaltet nur noch flachgewölbt, orange oder scharlachrot, gewöhnlich mit weißen, flachen, dicklichen Warzen oder Schuppen (Schleierreste) bedeckt, feucht bis schleimig. Lamellen weiß, frei, eng. Stiel 10 – 22 cm hoch, ca. 2,5 cm dick, weiß, fest, später hohl, mit Ring, am Grunde knollig, mit konzentrischen Ringen weißer, wolliger Schuppen. Im Nadelwald und unter Birken. August – November. Recht häufig. Giftig.

**Grüner
Knollenblätterpilz**
Amanita phalloides

Giftig

Links:
**Weißer
Knollenblätterpilz**
Amanita virosa

Giftig

Rechts:
Kaiserling
Amanita caesarea

Eßbar

Fliegenpilz
Amanita muscaria

Giftig

Pantherpilz *Amanita pantherina* + +

Hut 6 – 10 cm, braunoliv, rauchbraun oder grauoliv, gewölbt, später ziemlich flach. Hutoberseite mit zahlreichen kleinen, weißen Warzen bedeckt, im feuchten Zustand etwas klebrig. Ränder streifig. Lamellen weiß, frei. Stiel 7 – 9 cm hoch, 1 cm dick, weiß, glatt, zylindrisch. Ring schmal, glatt, in der Stielmitte. Stielbasis knollig, mit mehreren engen, konzentrischen, häutigen Ringen. Sporen mit Jodjodkali-Lösung nicht schwarz. Unter Laubbäumen, besonders unter Rotbuche, aber auch in Nadelwäldern auf sandigem Boden. August – Oktober. Nicht sehr häufig.

Gedrungener Wulstling *Amanita spissa* *

Hut 6 – 12 cm, gewölbt, grau- oder dunkelbraun, mit weißgrauen, flachen Warzen bedeckt, die auch verschwinden können. Rand nicht streifig. Lamellen weiß, nur wenig am Stiel herablaufend, engstehend. Stiel 8 – 15 cm hoch, 2 – 4 cm dick. Ring in der oberen Stielhälfte, oberseits streifig. Stielbasis knollig angeschwollen, mit ringförmig angeordneten Schuppen. Sporen amyloid (schwarzviolett in Jodjodkali-Lösung). Unter Laubbäumen, auch im Nadelwald. Ziemlich häufig. Eßbar, jedoch leicht mit der vorigen, sehr giftigen Art zu verwechseln. Sichere Unterscheidungsmerkmale sind Hutrand, Stielbasis und Sporen.

Perlpilz *Amanita rubescens* **

Hut 8 – 12 cm, anfangs stark gewölbt, später flach, rötlich- oder rehbraun mit schmutzigweißen, grauweißen oder gelblichen, flachen Warzen besetzt. Rand schwach streifig, besonders bei älteren Exemplaren. Lamellen weiß dünn und weich, mit einem kleinen Zahn am Stiel befestigt, im Alter rötlich gepunktet. Stiel 7 – 12 cm hoch, 2 – 4 cm dick, weiß oder rötlich im unteren Teil, streifig oberhalb des weißen, schlaffen Ringes, der auf seiner Oberseite ebenfalls streifig ist. Stielbasis knollig, mit wolligen Schuppen. Fleisch weiß, rötlich anlaufend beim Anschnitt. Sporen amyloid. Unter Nadel- und Laubbäumen. Juli – Oktober. Recht häufig. Roh giftig, gekocht genießbar. Vorsicht! Verwechslungsgefahr mit dem tödlich giftigen Pantherpilz!

Gelber Knollenblätterpilz *Amanita citrina* +

Hut 6 – 9 cm, flach gewölbt, zitronengelb, oft blaßgelb, manchmal auch weiß, glatt, trocken etwas glänzend, mit zahlreichen flachen, weißen oder bleich ockerfarbenen Warzen oder Flecken bedeckt (Schleierreste). Lamellen weiß, verwachsen, mitunter mit gelbem Rand, engstehend und schmal. Stiel 5 – 8 cm hoch, 1 – 1,5 cm dick, nach oben verjüngt, oberhalb des häutigen Ringes (im oberen Drittel) streifig. Ring oberseits ebenfalls gestreift, weiß unterseits eher gelblich. Stielbasis knollig, mit undeutlichem Rand oder wulstigem Ansatz. Geruch nach Kartoffeln. Unter Nadel- und Laubbäumen, besonders Rotbuche und Eiche. Juli – November. Häufig. Von der Verwendung als Speisepilz ist wegen Verwechslungsgefahr mit anderen *Amanita*-Arten abzuraten.

Pantherpilz
Amanita pantherina

Giftig

Gedrungener Wulstling
Amanita spissa

Eßbar

Perlpilz
Amanita rubescens

Eßbar

Gelber Knollenblätterpilz
Amanita citrina

Schwach giftig

Rotbrauner Scheidenstreifling *Amanita fulva* **
Hut 4 – 10 cm, glockenförmig, später gewölbt, mit breitem, gestreiftem Rand,
kräftig orange- bis mittelbraun, manchmal mit weißlichen, warzigen Schleierresten. Lamellen weiß, mitunter auch gelblich, frei. Stiel 7 – 20 cm hoch,
5 – 10 mm dick, bräunlich, aber deutlich blasser als der Hut, schwach schuppig, ohne Ring, aber mit häutiger, loser, gelblicher Grundscheide. Unter
Laubbäumen, besonders unter Birken, auf sauren Böden. Mai – November.
Recht häufig.
Der Graue Scheidenstreifling (*Amanita vaginata*) ** ist ähnlich, aber etwas
robuster und außerdem mit grauem oder graubraunem Hut. Unter Laubbäumen, besonders Rotbuche. Juli – November. Häufig.

Lepiota (Schirmlinge)

Umfangreiche Gattung, aber nur wenige häufigere Arten; mit weißen Sporen, freien Lamellen und Stielring. Die Hutschuppen sind nicht beweglich.
Die großen Arten werden oft als eigene Gattung *Macrolepiota* abgetrennt.

Großer Schirmling, Parasol *Macrolepiota procera* **
Hut 10 – 25 cm, anfangs eiförmig, so daß der junge Pilz wie ein Paukenschle-
gel aussieht, später glockenförmig, ausgebreitet, etwas bucklig, die graubrau-
ne Huthaut löst sich in dickliche, große, rauhe Schuppen auf, die sich ihrerseits aufrollen. Rand fransig. Hutfleisch weißlich. Lamellen weiß, weich,
recht dick und breit, nicht mit dem Stiel verwachsen. Stiel 15 – 30 cm hoch,
15 – 20 mm dick, mit graubraunem, schuppig-filzigem Belag, nach oben verjüngt, am Grunde knollig verdickt. Ring im oberen Drittel, auffallend groß
und dick, unterseits bräunlich, oberseits weiß, löst sich und kann dann verschoben werden. Fleisch weiß, nicht verfärbend. An Waldrändern oder auf
Lichtungen. Juli – November. Ziemlich häufig. Wertvoller Speisepilz. Der
Rötende Schirmling (*Macrolepiota rhacodes*) ** ist ähnlich, aber gedrungener, mit zottigen Schuppen und rötendem Fleisch.

Stinkschirmling *Lepiota cristata* +
Hut 2 – 7 cm, glockig, später flacher und bucklig, seidig-weiß, mit zahlreichen kleinen, dichten, braunrötlichen Schuppen und dunklerem Buckel.
Lamellen weiß, frei. Stiel 4 – 6 cm hoch, 3 – 8 mm dick, gelblich oder rötlichbraun, brüchig, mit schmalem, weißem Ring. Geruch unangenehm nach
Leuchtgas. Auf Grasplätzen, an Wegen und unter Hecken. August – November. Recht häufig. Schwach giftig.

Amiant-Körnchenschirmling *Cystoderma amianthium* +
Hut 3 – 5 cm, glockig, später gewölbt oder flach, blaß ockergelb, oft strahlig
gefurcht, anfangs mit mehligen Körnchen bedeckt, zuletzt meist glatt. Rand
fein gezähnt. Lamellen cremefarben, verwachsen, engstehend. Stiel 3 – 5 cm
hoch, 4 – 6 mm dick, oben weiß, unterhalb des schmalen (oft verschwindenden) Ringes mit mehligen, ockergelben Körnchen oder winzigen Schuppen
bedeckt. Sporen amyloid. Unter Nadelhölzern. August – November. Ziemlich häufig.

Rotbrauner Scheidenstreifling
Amanita fulva

Eßbar

Links:
Großer Schirmling
Macrolepiota procera

Eßbar

Rechts:
Stinkschirmling
Lepiota cristata

Ungenießbar

Amiant-Körnchen-schirmling
Cystoderma amianthium

Ungenießbar

Hallimasch *Armillariella mellea (Armillaria mellea)* **

Hut 5 – 15 cm, gewölbt, flach, gelegentlich auch eingedellt, gelblichbraun oder honigfarben bis lohgelb oder hellbraun, mit kleinen, stiftförmigen, braungelben Schuppen besetzt, die randwärts mitunter verschwinden. Lamellen weißlich oder fleischfarben, verwachsen oder am Stiel herablaufend, meist braunfleckig. Stiel 7,5 – 15 cm hoch, 0,5 – 1 cm dick, lohgelb oder bräunlich, im Alter dunkler, dunkel längsstreifig, am Grunde angeschwollen, oberhalb des häutigen, wolligen Ringes weiß oder gelbgefleckt. Gewöhnlich gesellig auf Stämmen oder Stubben. Juli – Dezember. Sehr häufig. Schadpilz mit schwarzen, schnürsenkelartigen Mycelsträngen im Boden oder unter der Rinde.

Beringter Schleimrübling *Oudemansiella mucida* *

Hut 3 – 8 cm, kräftig gewölbt, kaum verflacht, weiß, leicht bräunlich oder dunkelgelblich, sehr klebrig und schleimig, durchscheinend. Rand manchmal strahlig gestreift. Lamellen weiß, breit, mit weiten Zwischenräumen. Stiel 4 – 7,5 cm hoch, 4 – 15 mm dick, weiß, oberhalb des weißen, häutigen, abstehenden oder schlaffen Ringes gestreift, unterhalb etwas schuppig, zäh, faserig. Auf lebenden Rotbuchenstämmen, oft auch hoch im Baum. August – November. Häufig.

Hutpilze mit weißen Sporen, ohne Ring oder Scheide:

1a Stiel dick, meist größer als 5 mm, fleischig, faserig
    2a Lamellen adnex oder adnat (vgl. Anhang!) *Oudemansiella, Collybia, Laccaria, Marasmius, Flammulina, Asterophora*   S. 72 – 78
    2b Lamellen sinuat oder emarginat *Tricholoma, Lyophyllum, Lepista, Trichomolopsis, Melanoleuca*   S. 78 – 82
    2c Lamellen herablaufend *Clitocybe, Cantharellula, Hygrophoropsis*
        S. 84 – 86
1b Stiel schlanker, meist unter 5 mm dick, knorpelig, zäh   S. 86

Grubiger Schleimrübling *Oudemansiella radicata* *

Hut 3 – 10 cm, gewölbt, flach oder wenig gebuckelt, gelbbraun bis bräunlicholiv, strahlig gefurcht, schleimig. Lamellen weiß, adnex oder frei, breit, ziemlich dick, weitstehend. Stiel 10 – 20 cm hoch, 5 mm dick, weiß oder von blasser Hutfärbung, nach oben verschmälert, faserig, etwas knorpelig, nach unten in einen wurzelähnlichen Teil verlängert. Unter Laubbäumen, besonders Rotbuche. Juni – November. Häufig.

Collybia (Rüblinge)

Mit zähem, faserigem Stiel, dessen Oberfläche knorpelig erscheint. Hutrand bei jungen Exemplaren eingeschlagen.

Gefleckter Rübling *Collybia maculata* +

Hut 7 – 12 cm, flachgewölbt, weiß, aber bald rostbraun gefleckt. Lamellen cremefarben, emarginat, schmal, sehr eng gestellt. Lamellenränder oft gezähnt. Stiel 7 – 12 cm hoch, 1 – 2 cm dick, in der Mitte am dicksten, nach unten verschmälert, hart und zäh, längsstreifig gefurcht. Geschmack bitter. In Laub- und Nadelwäldern. Juli – November. Häufig.

Hallimasch
Armillariella mellea

Eßbar

Links:
Beringter Schleimrübling
Oudemansiella mucida

Eßbar

Rechts:
Grubiger Schleimrübling
Oudemansiella radicata

Eßbar

Gefleckter Rübling
Collybia maculata

Ungenießbar

Spindeliger Rübling *Collybia fusipes* *

Hut 4 – 10 cm, kräftig gewölbt, etwas bucklig, dunkel rötlichbraun oder (feucht) lederfarben, trocken dunkel gelblichbraun. Lamellen weißlich, später blaß rötlichbraun und oft fleckig, adnex, später frei, breit, mit großer Zwischenräumen, an der Basis durch Adern verbunden. Stiel 7 – 15 cm hoch 1 cm dick, von der Färbung des Hutes oder blasser, stellenweise weißlich, in der Mitte verdickt, längsstreifig, oft verdreht, zur Basis in einen dünnen Teil verschmälert, zäh, faserig, Oberseite auch knorpelig. In Büscheln am Grunde von Laubbäumen, besonders Rotbuche und Eiche. Mai – Dezember. Häufig.

Butterrübling *Collybia butyracea* *

Hut 5 – 8 cm, gebuckelt oder abgeflacht, dunkelbraun bis rauch- oder olivbraun im feuchten Zustand, trocken blasser bis fast weiß, mit scharfen Grenzen zwischen trockenen und feuchten Stellen, glatt, schmierig. Lamellen weiß, leicht adnex oder frei, breit, dicht gepackt, mit gekerbten Rändern Stiel 5 – 8 cm hoch, 5 – 10 mm dick, rötlichbraun, von der verdickten Basis nach oben verjüngt, streifig, faserig, am Grunde weiß, filzig. Unter Laub und Nadelbäumen. Während des ganzen Jahres, am häufigsten im Herbst Nicht selten.

Waldfreundrübling *Collybia dryophila* *

Hut 2 – 4 cm, flachgewölbt oder ganz flach mit schwacher Eindellung, blaß gelblich, in der Mitte eher bräunlich, oder kräftig dunkelgelblich oder orange braun, glatt. Lamellen weiß, mitunter blaßgelb, adnex oder frei, schmal dicht gepackt. Stiel 4 – 7 cm hoch, 2 – 4 mm dick, gelblich bis rötlichbraun an der Oberfläche etwas knorpelig, am Grunde in einen kurzen, wurzel artigen Abschnitt verlängert. In Laubwäldern, besonders unter Eichen. Mai - November. Sehr häufig.

Brennender Rübling *Collybia peronata* +

Hut 3 – 6 cm, gelblich, rötlich oder blaß graupurpurbraun, trocken etwas blasser, ziemlich dünnfleischig, faltig und gefurcht, oft gestreift oder mit Run zeln. Lamellen cremefarben bis gelbbraun oder rötlichbraun, adnex, später frei, engstehend. Stiel 5 – 9 cm hoch, 2 – 6 mm dick, weißlich-gelblich oder bräunlich, nach oben verjüngt, unten dicht mit gelblichen, weißlichen, lan gen, filzigen oder wolligen Haaren besetzt. Stielbasis meist gebogen, Myce häufig mit verkittetem Fallaub. Geschmack beißend, Geruch schwach nach Weinessig. Einzeln oder in kleinen Gruppen in Wäldern unter Laubbäumen August – November. Recht häufig.

Der Knopfstielige Rübling (*Collybia confluens*) ist recht ähnlich, aber schlan ker und ohne filzige Anteile an der Stielbasis. Er wächst gewöhnlich in Bü scheln. Hut gräulich oder fleischfarben, mitunter auch leicht purpurn getönt Besonders unter Rotbuchen. Juni – Dezember. Häufig.

Spindeliger Rübling
Collybia fusipes

Eßbar

Butterrübling
Collybia butyracea

Eßbar

Waldfreundrübling
Collybia dryophila

Eßbar

Brennender Rübling
Collybia peronata

Ungenießbar

Marasmius (Schwindlinge)

Von recht zäher Beschaffenheit, können weitgehend austrocknen und nach Wiederbefeuchtung weiterwachsen. Abgrenzung zur Gattung *Collybia* undeutlich. Einige Arten werden erst später im Buch behandelt (S. 92).

Nelkenschwindling *Marasmius oreades* **

Hut 2 – 6 cm, gewölbt, später flacher oder leicht gebuckelt, blaßrötlichbraun in feuchtem Zustand, blaß gelblichbraun oder lederfarben nach Trocknung, deutliche Grenze zwischen feuchten und trockenen Stellen. Ränder bei allen Exemplaren gefurcht. Lamellen gelblichweiß bis ledergelb, frei, breit, mit großen Zwischenräumen. Stiel 4 – 10 cm hoch, 2 – 4 mm dick, blaßgelblich, zäh. Sporen gelblich. Oft in Ringen oder Reihen auf Rasen und Wiesen. Mai – November. Häufig. Besonders als Trockenpilz verwendbar.

Samtfußrübling *Flammulina velutipes* *

Hut 2 – 10 cm, gewölbt, später flach, manchmal etwas unregelmäßig, kräftig ockergelb mit dunklerer Mitte, glatt, sehr schleimig. Rand zuletzt leicht gestreift. Lamellen weißlich bis blaßgelb, später etwas dunkler, adnex, breit und sehr weit gestellt. Stiel 5 – 10 cm hoch, 4 – 8 mm dick, zunächst zitronengelb, dann dunkeloliv bis schwärzlich, am Grunde dicht samtig, zäh, Oberfläche etwas knorpelig. Gewöhnlich in Büscheln, manchmal auch in großen Gruppen auf Stämmen und Ästen abgestorbener Laubhölzer. Oktober – Mai. Ziemlich verbreitet. Zum Essen nur Hüte verwenden!

Laccaria (Lacktrichterlinge)

Den *Collybia*-Arten ziemlich ähnlich, nur durch die Sporenform unterschieden. Früher auch zur Gattung *Clitocybe* gestellt, doch von abweichendem Lamellenbau.

Rötlicher Lacktrichterling *Laccaria laccata* *

Hut 3 – 5 cm, rötlichbraun oder mittelbraun bis ziegelrot, trocken etwas bleicher ockergelb oder dunkel gelblich, gewölbt, später flach, manchmal etwas durchscheinend, oft mit kleinen häutigen Schuppen. Rand meist gewellt und gekräuselt, im feuchten Zustand streifig. Lamellen violettrosa, später weiß bestäubt, adnat, mit herablaufendem Zahn, recht breit, mit großen Zwischenräumen. Sporen kugelig. Stiel 5 – 10 cm hoch, 6 – 10 mm dick, von der Färbung des Hutes oder dunkler, längsstreifig, faserig-zäh, am Grunde gedreht und gewunden, weißlich, filzig. In Wäldern und Heiden. Juli – Dezember. Sehr häufig. Von veränderlichem Aussehen. Der Große Lacktrichterling (*Laccaria proxima*) * ist ähnlich, wird gewöhnlich etwas größer und bevorzugt feuchtere Stellen. Sporen nicht kugelig, sondern oval.

Amethystblauer Lacktrichterling *Laccaria amethystina* *

In Aussehen und Größe dem Rötlichen Lacktrichterling ähnlich, doch von abweichender, einheitlich tiefvioletter oder amethystblauer Färbung, die beim Trocknen ausbleicht. Oft nur als Varietät der vorigen Art aufgefaßt. Gut als Mischpilz zu verwenden.

Nelkenschwindling
Marasmius oreades

Eßbar

Samtfußrübling
Flammulina velutipes

Eßbar

**Rötlicher
Lacktrichterling**
Laccaria laccata

Eßbar

**Amethystblauer
Lacktrichterling**
*Laccaria
amethystina*

Eßbar

Beschleierter Zwitterling *Asterophora parasitica* +
Hut 1,5 – 3 cm, glockig, später flach, seidig, weißlich, dann grau oder hellviolett getönt. Lamellen weißlich, adnat, mit einem kleinen Zahn am Stiel herablaufend, dicklich, mit größeren Zwischenräumen, wechselnd schmal und
breiter, später mit besonderen Sporen (Chlamydosporen) bedeckt. Stiel
2,5 – 6 cm hoch, 2 – 4 mm dick, weiß, schlank, oft gewunden, am Grunde be-
haart. Oft in Büscheln auf alten, verfallenden Exemplaren verschiedener
Täublings-Arten (*Russula densifolia, R. foetens, R. delica*) oder auf *Lactarius
vellereus* parasitierend. Juni – Dezember. Häufig. Der verwandte Stäubende
Zwitterling (*Asterophora lycoperdoides*) trägt die Chlamydosporen auf der
Hutaußenseite und wächst auf *Russula nigricans*.

Tricholoma (Ritterlinge)

Umfaßte früher alle weißsporigen Lamellenpilze mit sinuaten oder emargi-
naten Lamellen. Aus vielerlei Gründen werden heute mehrere, im Aussehen
ähnliche Gattungen unterschieden. *Collybia maculata* z. B. hat emarginate
Lamellen und könnte daher für eine *Tricholoma*-Art gehalten werden.

Maipilz *Tricholoma gambosum* **
Hut 5 – 15 cm, gewölbt, später flach und häufig wellig verbogen, weißlich
oder blaßgelb, glatt, dickfleischig. Lamellen von der gleichen Färbung oder
heller, sinuat oder adnex, mit wenig herablaufendem Zahn, in der Mitte am
breitesten, sehr eng stehend. Stiel 5 – 10 cm hoch, 1 – 3 cm dick, weißlich
oder gelblich, zylindrisch, am Grunde oft gewunden, kompakt, mit festem,
nicht faserigem Fleisch. Einzeln oder zu wenigen Exemplaren, gelegentlich
in Bögen oder Hexenringen. Geschmack und Geruch nach Mehl. Auf grasbewachsenen Stellen. Bevorzugt Kalkboden. April – Juni. Nicht selten.

Seifenritterling *Tricholoma saponaceum* +
Hut 3 – 8 cm, gewölbt, später abgeflacht, oft mehr oder weniger unregelmäßig gebogen oder gebuckelt, von variabler Färbung, dunkelbraun, dunkelgrau, olivgrau oder oliv, glatt, nur manchmal etwas schuppig. Auch gelbliche
oder weiße Varietäten sind bekannt. Lamellen weißlich, mitunter mit grün-
lich-blauer Tönung, bald mit rötlichen Punkten, sinuat, mit weiten Zwischenräumen. Stiel 5 – 10 cm hoch, 1,5 – 2 cm dick, weißlich oder gelblich-
weiß, nach unten verschmälert, oft gewunden. Oberfläche mit kleinen dunklen Schuppen oder Fasern. Geruch deutlich nach Seife. In Laub- und Nadelwäldern. August – November. Häufig.
Der Schwarzfaserige Ritterling (*Tricholoma portentosum*) ** hat einen grau-
en, in der Mitte fast schwarzen Hut und einen weißen bis schwefelgelben
Stiel. Verbreitet.

Silbergrauer Ritterling *Tricholoma argyraceum* *
Hut 5 – 7 cm, gewölbt oder flach, weißlich, mausgrau oder blaß graubräun-
lich, mit wenigen oder vielen faserigen, dunklen Schuppen. Rand oft filzig.
Lamellen weißlichgrau, später gelb oder gelbfleckig, sinuat bis frei, sehr eng.
Stiel 3 – 7 cm hoch, 8 – 12 mm dick, weißlich, hohl. Mehliger Geschmack. In
Laubwäldern. Häufig.

**Beschleierter
Zwitterling**
*Asterophora
parasitica*

Ungenießbar

Maipilz
*Tricholoma
gambosum*

Eßbar

Seifenritterling
*Tricholoma
saponaceum*

Schwach giftig

**Silbergrauer
Ritterling**
*Tricholoma
argyraceum*

Eßbar

Schärflicher Ritterling *Tricholoma scioides* +
Hut 5 – 7 cm, gewölbt, machmal etwas lappig, rosagrau, oft auch violett getönt, Oberfläche in flache, zottige, konzentrisch angeordnete Schuppen aufbrechend. Lamellen grau, schwarz gepunktet. Stiel 5 – 10 cm hoch, 14 – 17 mm dick, gräulich, leicht filzig. Geschmack verzögert scharf. Unter Laubbäumen, besonders Rotbuchen. August – November. Häufig.

Der Brennende Erdritterling (*Tricholoma virgatum*) ist recht ähnlich, vom gleichen scharfen Geschmack, aber der Hut ist zunächst spitzkegelig und später gewölbt mit einem spitzigen Buckel, Oberfläche mit vielen, dunkleren, strahligen Fasern. Lamellen weiß, selten mit schwärzlichem Rand. Stiel länger und schmäler. In Nadelwäldern. Eine weitere Verwechslungsart ist der Graublättrige Erdritterling (*Tricholoma terreum*), der jedoch keinen brennend-scharfen Geschmack entwickelt. Hut gebuckelt, schuppig, mausgrau bis braunschwarz mit dunklen Fasern. Lamellen weißlich, später grau, Stiel weiß oder grau mit mehligem Oberteil. Der Tigerritterling (*Tricholoma tigrinum*) + + ist wegen seiner erheblichen Giftigkeit zu nennen. Er ist recht groß, Hut (9 – 20 cm) grau, violettgrau oder graubraun, filzig und in konzentrisch angebrachte Schuppen auflösend. Lamellen weißlich, Stiel von der gleichen Färbung. Ziemlich selten und in Bergwäldern unter Laub- und Nadelbäumen.

Schwefelritterling *Tricholoma sulphureum* +
Hut 4 – 8 cm, gewölbt, später flacher und leicht gebuckelt, gelegentlich auch etwas unregelmäßig, schwefelgelb, mit meist dunkel rötlichbrauner Mitte, seidig, dann glatt. Lamellen ausgerändert, ziemlich dick und weitstehend. Stiel 5 – 11 cm hoch, 1 cm dick, zylindrisch oder zur Basis verschmälert, oft gewunden, faserig, hohl. Geruch an Gas erinnernd. Unter Eichen. September – November. Häufig.

Gelbblättriger Ritterling *Tricholoma fulvum* +
Hut 5 – 10 cm, rötlich- bis kastanienbraun, in der Mitte oft dunkler, mit strahligen Streifen, schleimig. Lamellen blaß gelb, an Druckstellen oder im Alter rötlichbraun gefleckt oder gepunktet, emarginat, dicht gepackt. Stiel 7,5 – 12 cm hoch, 12 mm dick, meist in der Mitte am dicksten, rötlichbraun und faserig-streifig. Fleisch im Hut weiß, im Stiel gelb (Unterscheidungsmerkmal zu anderen braunen *Tricholoma*-Arten!). Geruch etwas ranzig. In Laubwäldern, besonders auf saurem Boden unter Birken. September – November. Häufig.

Tricholomopsis (Holzritterlinge)

Unterscheidet sich von *Tricholoma* nur durch das Vorkommen besonderer Zellen (Cystidien) am Lamellenrand.

Breitblättriger Holzritterling *Tricholomopsis platyphylla* *
Hut 5 – 12 cm, flach gewölbt oder ganz flach, bräunlichgrau bis dunkelrauchbraun, faserstreifig, dünnfleischig. Lamellen weiß oder von der Färbung des Hutes, sehr breit. Stiel 7 – 12 cm hoch, 1 – 2 cm dick, zylindrisch, weiß, mit kleinen Fasern, am Grunde mit weißen Mycelsträngen. In Laubwäldern. Mai – November. Häufig.

Schärflicher Ritterling
Tricholoma scioides

Ungenießbar

Schwefelritterling
Tricholoma sulphureum

Schwach giftig

Gelbblättriger Ritterling
Tricholoma fulvum

Schwach giftig

Breitblättriger Holzritterling
Tricholomopsis platyphylla

Eßbar

Rötlicher Holzritterling *Tricholomopsis rutilans* *
Hut 5 – 16 cm, zunächst breit glockenförmig, später flach gewölbt und oft bucklig, dicht mit rötlich-purpurnen, flaumigen Schuppen besetzt. Grundfarbe gelbrot. Lamellen schwefel- oder goldgelb, breit, sehr eng gestellt, am Rand oft etwas filzig. Stiel 6 – 9 cm hoch, 1 – 2,5 cm dick, zylindrisch oder zur Basis verschmälert, blaßgelb, mit schwachem oder dichtem Besatz kleiner, purpurner Schuppen. Immer in der Nähe von Kiefernstubben. August – November. Häufig.

Lepista (Rötelritterlinge)

Unterscheidet sich von *Tricholoma* durch stachelige, schmutzigrosa Sporen.

Violetter Rötelritterling *Lepista nuda* **
Hut 7 – 10 cm, flachgewölbt, später gänzlich flach oder mit Eindellung, oft wellig, jung blauviolett, später dunkler braunrötlich, besonders in der Mitte etwas dunkler abgesetzt, trocken etwas blasser, glatt. Lamellen blaß bläulich-violett, später bleicher, am Stiel abgerundet und mit herablaufendem Zahn, engstehend. Stiel 5 – 9 cm hoch, 1,5 – 2,5 cm dick, zylindrisch, blaßviolett, mit kleinen Fasern, weiter oben mehlig. Sporen blaßrosa. In Wäldern, unter Hecken und in Gärten. Oktober – Dezember. Häufig. Der ähnliche Lilastielige Rötelritterling (*Lepista personata*) ** unterscheidet sich durch seinen gelb- oder graubraunen Hut, schmutzigweiße Lamellen und einen Stiel mit rot- oder blauvioletten Fasern. Oft in Ringen. Oktober – Dezember.

Lyophyllum (Graublättler, Raslinge)

Früher in die Gattungen *Tricholoma, Collybia* oder *Clitocybe* gestellt. Übereinstimmungen im Basidienaufbau.

Grauer Rasling *Lyophyllum decastes* *
Fruchtkörper in größeren Gruppen. Hut 6 – 15 cm, gewölbt, später flach und bucklig, oft eingedellt, grau- oder gelblichbraun, oft gefleckt. Ränder meist wellig oder gelappt. Lamellen weiß, später strohgelb, adnat bis herablaufend, dicht. Stiel 8 – 10 cm hoch, 1 – 1,5 cm dick, weißlich, grauweiß, unten rötlichbraun, manchmal zum Hutrand verschoben, gewunden, zum Grunde verschmälert, faserig, zäh. In Wäldern, Gärten, Kompost- und Sägemehlhaufen. Juli – Oktober. Häufig.
Der Knorpelige Büschelritterling (*Lyophyllum loricatum*) hat einen kleineren, rötlichen Hut, beim Knäuelritterling (*Lyophyllum fumosum*) ist er graubraun mit grauen Lamellen. Der Weiße Rasling (*Lyophyllum connatum*) * ist gänzlich weiß mit sehr schmalen, engstehenden, herablaufenden Lamellen.

Melanoleuca (Weichritterlinge)

Von *Tricholoma* durch warzige Sporen, die sich mit Jodjodkali-Lösung schwarz färben, und durch den Besitz von Cystidien unterschieden.

Gemeiner Weichritterling *Melanoleuca melaleuca* *
Hut 4 – 10 cm, feucht dunkelbraun, trocken etwas blasser, glatt, gewölbt, später flacher und gebuckelt. Lamellen weiß, emarginat, breit, engstehend. Stiel 5 – 8 cm hoch, 5 – 8 mm dick, weißlich mit braunen, längsverlaufenden Fasern, nicht hohl. Fleisch faserig. In Wäldern. August – November. Verbreitet.

Rötlicher Holzritterling
Tricholomopsis rutilans

Eßbar

Violetter Rötelritterling
Lepista nuda

Eßbar

Grauer Rasling
Lyophyllum decastes

Eßbar

Gemeiner Weichritterling
Melanoleuca melaleuca

Eßbar

Clitocybe (Trichterlinge)

An den deutlich herablaufenden Lamellen, den fleischigen Stielen und den meist trichterigen Hüten gut zu erkennen.

Keulenfüßiger Trichterling *Clitocybe clavipes* *
Hut 4 – 6 cm, flach trichterförmig, blaßrauchbraun bis braungrau, manchmal mit Olivtönen, in der Mitte dunkler. Lamellen cremefarben bis primelgelb, meist herablaufend, mit weiten Zwischenräumen, dünn. Stiel 4 – 6 cm hoch, 1 cm dick, von der Färbung des Hutes oder blasser, keulenförmig, an der Basis dick angeschwollen, brüchig, faserig. In Laub- und Nadelwäldern, besonders unter Rotbuchen. September – November. Häufig.

Nebelgrauer Trichterling *Clitocybe nebularis* **
Hut 7,5 – 20 cm, hell- oder wolkengrau, manchmal etwas bräunlich, junge Stadien in der Mitte dunkler, anfangs bereift, später glatt, fleischig. Lamellen weißlich, manchmal gelblich umfärbend oder mit Grautönen, nur wenig am Stiel herablaufend, sehr eng, dünn. Stiel 7 – 12 cm hoch, 2 – 3 cm dick, von der Färbung des Hutes oder blasser, nach oben deutlich verschmälert, zur Basis leicht angeschwollen, faserig, leicht brüchig. In Laub- und Nadelwäldern. August – November. Häufig. Obwohl ein gut eßbarer Speisepilz, werden häufig Unverträglichkeiten beobachtet. Daher zunächst nur kleinere Kostproben verwenden!
Der Mönchskopf (*Clitocybe geotropa*) ** ist eine verwandte Art mit einem deutlichen, runden Buckel in der Hutmitte. Färbung blaß lederbraun. Stiel 5 – 12 cm hoch, 2 – 3 cm dick, zur Basis verbreitert. Oft in Ringen. Nicht sehr häufig.

Gelbbrauner Trichterling *Clitocybe infundibuliformis* *
Hut 3 – 6 cm, trichterförmig, blaßlederfarben bis dunkelgelblich oder rötlichbraun, dünnfleischig, seidig. Rand anfangs eingerollt. Lamellen weißlich, am Stiel stark herablaufend, dicht gepackt. Stiel 3 – 8 cm hoch, 4 – 8 mm dick, von der Färbung des Hutes oder ein wenig heller, an der Basis filzig und deutlich verdickt. Fleisch ziemlich zäh, weiß. Sporen im mikroskopischen Bild glatt. In Wäldern, im Gras oder auf Heiden. Juli – November. Häufig.

Fuchsiger Trichterling *Clitocybe flaccida* *
Hut 5 – 10 cm, trichterförmig, orangebraun, fuchsbraun oder bläßlich rostrot, glatt, lederig. Rand oft wellig oder lappig. Lamellen weiß bis gelblich, tief am Stiel herablaufend, schmal, engstehend. Stiel 2,5 – 5 cm hoch, 0,5 – 1 cm dick, von der Färbung des Hutes oder blasser, unten dicker, weißfilzig, gelegentlich auch glatt, oft gewunden, mit der Zeit hohl. Fleisch dunkel gelblichbraun, Sporen im mikroskopischen Bild warzig-rauh. Manchmal in Hexenringen. In Laub- und Nadelwäldern. September – Dezember. Häufig. Der Anistrichterling (*Clitocybe odora*) * ist an seinem blaugrünen Hut und den gleichfarbenen Lamellen gut kenntlich. Er duftet stark nach Anis und wird häufig als Würzpilz verwendet. Der Duftende Trichterling (*Clitocybe fragrans*) hat einen ähnlichen Geruch, ist aber blaßgraubraun oder gelblich-weiß.

**Keulenfüßiger
Trichterling**
Clitocybe clavipes

Eßbar

**Nebelgrauer
Trichterling**
Clitocybe nebularis

Eßbar

**Gelbbrauner
Trichterling**
*Clitocybe
infundibuliformis*

Eßbar

**Fuchsiger
Trichterling**
Clitocybe flaccida

Eßbar

Feldtrichterling *Clitocybe dealbata* + +
Hut 2 – 4 cm, flachgewölbt, weiß oder gelblichbraun getönt, oberseits matt.
Lamellen weiß, dicht gepackt, leicht herablaufend. Stiel 2,5 – 3,5 cm hoch,
8 – 10 mm dick, weißlich, im oberen Teil weiß und mehlig. Geruch erinnert
an Mehl. An grasbewachsenen Stellen. Juli – November. Häufig.
Der verwandte Gifttrichterling (*Clitocybe rivulosa*) + + ist sehr ähnlich, aber
etwas dunkler gefärbt. Hut zunächst seidig-weiß, aber bald grau-fleischfar-
ben bis gelblich-bräunlich, wellig oder lappig. Ohne mehligen Geruch. Auf
grasbewachsenen Stellen, häufig zusammen mit dem Nelken-Schwindling
(*Marasmius oreades*). Beim Sammeln ist daher Vorsicht geboten! Der Blei-
weiße Trichterling (*Clitocybe cerussata*) + + ist eine weitere weiße, ebenfalls
giftige, aber größere und fleischigere Art, die im Nadelwald vorkommt. Hut
5 – 8 cm, von weißem Seidenglanz. Sporen reinweiß. Erinnert im Aussehen
ein wenig an *Lyophyllum connatum*. Der ähnliche Blättertrichterling (*Clitocybe phyllophila*) + + wächst dagegen in Laubwäldern und hat blaß ockergelb-
graue Sporen.

Brauner Gabeltrichterling *Cantharellula cyathiformis* *
Hut 2 – 7 cm, becher- oder trichterförmig, dunkel graubraun, im feuchten
Zustand heller, blaßbraun nach Trocknung, dünnfleischig. Ränder eingerollt. Lamellen rauchgrau, adnat und herablaufend, mit weiten Zwischenräumen, mitunter gabelteilig. Stiel 5 – 10 cm hoch, 6 – 9 mm dick, von der Färbung des Hutes oder blasser, zur Basis verschmälert, mit feinem Netzwerk
kleiner Fasern bedeckt. Auf grasbewachsenen Stellen. September – Januar.
Häufig.

Falscher Eierschwamm *Clitocybe aurantiacus* +
Hut 2 – 8 cm, orangegelb bis orangerot, trichterig oder flach mit Eindellung,
oft wellig, Oberfläche schwach filzig, Ränder eingekrümmt. Lamellen dunkelorange, mitunter blasser. Dünn, gabelteilig, eng. Stiel 3 – 5 cm hoch, 6 –
8 mm dick.

Lamellenpilze mit weißen oder blassen Sporen und schlanken, knorpeligen oder zähen Stielen:

1a Hut im jungen Zustand eingekrümmt *Collybia* S. 86, *Pseudohiatula* S. 88
   (s. auch *Laccaria* und *Flammulina* S. 76)
1b Hutrand bei jungen Exemplaren gerade
  2a Lamellen adnex, adnat oder sinuat   *Mycena* S. 88, *Marasmius* S. 92
  2b Lamellen herablaufend   *Omphalina* S. 94

Brauner Sklerotienrübling *Collybia cirrhata* +
Hut 5 – 10 mm, gewölbt, später flach, sehr dünn, weiß, mit gelblicher oder
bräunlicher Mitte. Lamellen weiß, adnat, schmal, sehr dichtstehend. Stiel
2 – 3 cm hoch, 1 mm dick, weißlich, mit verschmälertem Grund. In gesel-
ligen Trupps auf Moos oder Resten anderer Lamellenpilze. August – November. Recht häufig.
Collybia cookei unterscheidet sich durch die gelbe, knollige Stielbasis, die bei
Collybia tuberosa rötlich gefärbt ist.

Feldtrichterling
Clitocybe dealbata

Giftig

Brauner Gabeltrichterling
Cantharellula cyathiformis

Eßbar

Falscher Eierschwamm
Clitocybe aurantiacus

Ungenießbar

Brauner Sklerotienrübling
Collybia cirrhata

Ungenießbar

Bitterer Nagelschwamm *Pseudohiatula tenacella* *

Hut 1 – 3 cm, flachgewölbt, später ziemlich abgeflacht, mittelbraun, gelblich-braun bis blaß ockerfarben oder bleicher, glatt, matt. Lamellen weiß, adnex, schmal, engstehend. Stiel 3 – 8 cm hoch, 2 – 3 mm dick, blaßlederfarben bis weißlich und feinkörnig im oberen Teil, gelblich-bräunlich bis mittelbraun im unteren Abschnitt, am Grunde oft gewellt, mit langem, wurzelartigem Anhängsel, das meist auf Kiefernzapfen sitzt, selbst wenn diese 10 cm tief im Boden liegen. Geschmack leicht bitter. Sporen nicht amyloid. Unter Kiefern. April – Mai. Ziemlich häufig. *Baeospora myosura* ist ziemlich ähnlich, wächst ebenfalls auf Kiefernzapfen im Boden, ist aber ein Winterpilz. Ohne bitteren Geschmack, mit sehr engen Lamellen und amyloiden Sporen. Der Gemeine Nagelschwamm (*Pseudohiatula esculenta*) ist ebenfalls ähnlich, wächst aber auf Douglasien- und Fichtenzapfen.

Mycena (Helmlinge)

Umfangreiche Gattung meist mittelgroßer oder kleiner Lamellenpilze mit kegeligen, glockigen oder schirmartigen Hüten und dünnen, knorpeligen Stielen.

Rosablättriger Helmling *Mycena galericulata* *

Hut 2 – 8 cm, rundlich kegelig oder glockenförmig, später abgeflacht und breit gebuckelt, graubraun, manchmal gelblichbraun oder bleicher, in der Mitte gestreift. Lamellen zunächst weiß, später dunkelrosafarben, adnat mit herablaufendem Zahn, ziemlich weit gestellt, am Grunde mit Adern verbunden. Stiel 5 – 12 cm hoch, 3 – 5 mm dick, von der Färbung des Hutes, glatt, etwas poliert aussehend, knorpelig, am Grunde oft gewunden, hohl, brüchig, filzig, mit wurzelartigem Fortsatz. Sporen amyloid. Gesellig auf totem Holz von Laubbäumen. Während des ganzen Jahres. Häufig.

Stinkhelmling *Mycena alcalina* +

Hut 2 – 5 cm, glockig, später flacher gewölbt mit großem Buckel, dunkelbraun, feucht streifig. Lamellen grau oder graubraun mit weißlichem Rand, adnat oder schwach sinuat, nicht durch Adern verbunden. Stiel 5 – 8 cm hoch, 2 – 4 mm dick, von der Färbung des Hutes, glatt, durchscheinend, knorpelig, an der Basis filzig und mit wurzelartigem Fortsatz. Geruch charakteristisch nach Salpetersäure oder Ammoniak. Sporen amyloid. Oft gesellig auf Baumstümpfen hauptsächlich von Nadelhölzern. August – Oktober und Mai – Juni. Ziemlich häufig. *Mycena leptocephala* riecht ähnlich, wächst aber im Gras auf Wiesen und Rasen.

Rettichhelmling *Mycena pura* +

Hut 2 – 8 cm, breit glockenförmig, später flacher, violettrot oder leicht rosa, Ränder gestreift. Lamellen weißlich bis rosa, adnat, breit, an der Basis verbunden. Stiel 3 – 10 cm hoch, 2 – 6 mm dick, von der Färbung des Hutes oder blasser, glatt, poliert, hohl. Geruch und Geschmack nach Rettich. Sporen amyloid. Im Fallaub von Rotbuchenwäldern. Mai – Dezember. Ziemlich häufig.

Mycena pelianthina gleicht dieser Art in Aussehen und Geruch, hat aber purpurviolette Lamellenränder.

**Bitterer
Nagelschwamm**
*Pseudohiatula
tenacella*

Eßbar

**Rosablättriger
Helmling**
Mycena galericulata

Eßbar

Stinkhelmling
Mycena alcalina

Ungenießbar

Rettichhelmling
Mycena pura

Ungenießbar

Gelbstielhelmling *Mycena inclinata* +
Hut 2 – 4 cm, halbkugelig oder breitkegelig, später flacher mit flachem, abe breitem Buckel, rotbraun, mittelbraun oder grau, in der Mitte streifig. Ranc überlappt den Lamellenansatz ein wenig, oft mit kleinen, rundlichen Zähner besetzt. Lamellen weißlich, später rosafarben oder grau, adnat, mit herab laufendem Zahn, dichtstehend. Stiel 6 – 10 cm hoch, 2 – 4mm dick, obel weißlich, weiter unten leuchtend orangebraun, am Grunde kastanienbraun etwas filzig, oft gewunden, mit wurzelartigem Fortsatz. Geruch und Ge schmack ranzig. Sporen amyloid. In dichten Büscheln auf abgestorbenen Holz von Eichen und Eßkastanien. August – November. Verbreitet.

Weißmilchender Helmling *Mycena galopoda* *
Hut 1 – 2 cm, rundlich-kegelig, halbkugelig oder glockig, gräulich bis blaf lohgelb, in der Mitte dunkler, etwas streifig. Lamellen weißlich bis gräulich adnex, ziemlich dichtstehend. Stiel 5 – 10 cm hoch, 1 – 2 mm dick, gräulicl bis bräunlich, nach oben heller, beim Anschneiden weißmilchend, am Grunde dicker, weißfilzig. Sporen amyloid. Auf dem Waldboden. Meist ge sellig unter Laubbäumen oder Hecken. August – Dezember. Recht häufig.
Mycena leucogala ist dunkler gefärbt und bevorzugt Brandstellen im Wald.

Rillstieliger Helmling *Mycena polygramma* +
Hut 2 – 5 cm, aschgrau oder graubraun, anfangs weißlich bestäubt, am Ran de gefurcht. Lamellen weiß bis grau oder hellrosa, adnex, manchmal aucl frei, mit größeren Zwischenräumen. Stiel 6 – 10 cm hoch, 2 – 4 mm dick, sil berig oder bläulichgrau, mit zahlreichen längsverlaufenden Rillen, steif knorpelig, an der Basis filzig und wurzelnd. Sporen amyloid. Auf dem Bodel oder auf Ästen und Stümpfen von Laubbäumen. Juni – Dezember. Ziemlicl häufig. Den Überhäuteten Helmling (*Mycena epipterygia*) erkennt man leich an der gelben Färbung des schleimigen Stiels und der schleimigen, leicht ab lösbaren Huthaut. Auf Heiden oder unter Birken und Nadelhölzern.

Purpurschneidiger Bluthelmling *Mycena sanguinolenta* +
Hut 4 – 20 mm, halbkugelig, glockig-kegelig, später flacher und gebuckelt bräunlichrot, oft mit einer purpurnen Tönung, mitunter auch blasser, feuch streifig, Rand fein gezähnt. Lamellen weißlich bis fleischfarben, adnat, Rän der dunkel rötlichbraun, Stiel 5 – 8 cm hoch, 1 mm dick, blaß bis rötlich, sehr schlank und zerbrechlich, knorpelig. Beim Anschnitt tritt blutroter Saft aus Am Grund filzig, oft mit langen, wurzelähnlichen Mycelsträngen. Einzelr auf dem Waldboden. August – November. Nicht selten.
Der Bluthelmling (*Mycena haematopoda*) ist größer und kräftiger, ebenfalls blutend. Hut 1 – 3 cm, glockig, graubraun bis tief bräunlichrot. Stiel 5 - 10 cm hoch, 2 – 3 mm dick, weiß, grau oder purpurn getönt. In Büscheln au abgestorbenem Holz. August – November. Häufig.

Gelbstielhelmling
Mycena inclinata

Ungenießbar

Links:
Weißmilchender Helmling
Mycena galopoda

Eßbar

Rechts:
Rillstieliger Helmling
Mycena polygramma

Ungenießbar

Purpurschneidiger Bluthelmling
Mycena sanguinolenta

Ungenießbar

Heftelhelmling *Mycena fibula (Omphalina fibula)* +
Hut 5 – 10 mm, gewölbt, später flach bis leicht genabelt, hellorange bis fast weiß, streifig und leicht durchscheinend. Lamellen weiß bis blaßgelb, bogig, breit, am Stiel herablaufend. Stiel 2 – 4 cm hoch, 1 mm dick, mehr oder weniger von der gleichen Färbung wie der Hut, am Grunde flaumig, schlank. Sporen nicht amyloid. In Trupps im Moos, Gras oder anderen feuchten Stellen. Mai – November. Häufig.
Mycena swartzii ist sehr ähnlich und kommt an den gleichen Standorten vor. Der obere Teil des Stiels, und oft auch die Hutmitte, sind dunkelviolett gefärbt. *Mycena acicula* ist eine weitere sehr farbige Art, mit leuchtend gelbem Stiel, 2 – 5 cm hoch, 1 mm dick, auf Holzteilen, Ästen usw.

Marasmius (Schwindlinge)

Hier nur die dünnstieligen Arten. Für die übrigen Merkmale vgl. S. 76

Roßhaarschwindling *Marasmius androsaceus* +
Hut 4 – 10 mm, flach, genabelt, weißlich, blaßrauchig oder rötlichbraun, in der Mitte dunkler, strahlig runzlig, papierdünn. Lamellen weißlich oder schmutzig fleischfarben, adnat, engstehend, schmal. Stiel 3 – 6 cm hoch, 1 mm dick, fadenartig, schwarz, hornig, trocken oft verdreht, zäh. An der Basis schwarze, roßhaarartige Mycelstränge. Auf Fallaub, Ästen, Koniferennadeln. Mai – November. Recht häufig.

Astschwindling *Marasmius ramealis* +
Hut 6 – 15 mm, gewölbt, abgeflacht oder mit Eindellung, weißlich, in der Mitte mehr rötlich gefärbt, oft etwas runzlig, dünnfleischig. Lamellen weiß, adnat, schmal, engstehend. Stiel 6 – 10 cm hoch, 1 – 2 mm dick, weißlich, unterhalb auch rötlich, schlank, oft gekrümmt, Oberfläche mehlig. Oft in großen Trupps auf Zweigen, Ästen oder Stämmen. Juni – Oktober. Recht häufig.

Halsbandschwindling *Marasmius rotula* +
Hut 5 – 15 mm, gewölbt, später flach und genabelt, weiß oder cremefarben, manchmal mit grauer Mitte, mit strahligen Rippen wie ein Regenschirm, dünnfleischig und papierartig zart. Lamellen weiß, mit einem Halsband, das den oberen Stielteil umläuft, befestigt, schmal, mit größeren Zwischenräumen und über Adern verbunden. Stiel 2 – 5 cm hoch, 1 mm dick, dunkelrotbraun oder schwärzlich, hornig, sehr schlank, etwas durchscheinend. Auf abgestorbenen Zweigen oder Wurzeln in Wäldern und Hecken. Mai – Januar. Ziemlich häufig.
Bei *Marasmius graminum* sind Hut und Stiel rotbraun bis dunkelbraun gefärbt. Er wächst auf abgestorbenen Halmen und Blättern von Gräsern. Der ebenfalls häufige *Marasmius calopus* hat einen weißlichen, 1 – 1,5 cm breiten Hut und einen rötlich-braunen Stiel, 2 – 3 cm hoch, 1 mm dick. Lamellen nicht an einem Halsband befestigt. Auf Zweigen und Gras. September – November.

Heftelhelmling
Mycena fibula

Ungenießbar

Roßhaar-schwindling
Marasmius androsaceus

Ungenießbar

Astschwindling
Marasmius ramealis

Ungenießbar

Halsband-schwindling
Marasmius rotula

Ungenießbar

Gefalteter Nabeling *Omphalina ericetorum* +
Hut 1 – 2 cm, gewölbt, später flacher mit zentraler Eindellung, gewöhnlich blaßolivbraun bis strohgelb, auch hellrosa, gräulich oder weißlich, dünn fleischig, in der Mitte streifig, am Rande gefurcht. Lamellen weiß, später cremefarben oder gelblich, herablaufend, weitstehend, durch Adern verbunden, mitunter gabelteilig. Stiel 2,5 – 3 cm hoch, 2 mm dick, von der Färbung des Hutes, schlank, zur Basis etwas verdickt, glatt oder schwach flaumig, am Grunde weißfilzig. Wächst mit einer Grünalge zusammen und bildet dann die Flechte *Botrydina vulgaris,* die am Grunde des Pilzfruchtkörpers dunkelgrüne, gelatinöse Kugelgebilde entwickelt. Auf Heiden und in Mooren. Mai – November. Verbreitet.

Hutpilze mit schmutzigrosa bis zimtfarbenen Sporen:

1a Stiel fleischig, gewöhnlich recht dick
    2a Lamellen frei   *Pluteus* S. 94
    2b Lamellen sinuat oder emarginat   *Entoloma* S. 94
    2c Lamellen herablaufend   *Clitopilus* S. 96
1b Stiel knorpelig, ziemlich dünn, schlank   *Nolanea* S. 96

Pluteus (Dachpilze)

Freie Lamellen, fleischiger Stiel, rosafarbene Sporen. Manche Arten recht groß und kräftig.

Rehbrauner Dachpilz *Pluteus cervinus* *
Hut 4 – 10 cm, anfangs breit glockenförmig, später flacher oder gewölbt, heller oder dunkler braun oder leicht rötlich, strahlig gestreift, im Fleisch mit radial verlaufenden Fasern, schwach schleimig oder klebrig im feuchten Zustand. Lamellen anfangs weiß, dann fleischfarben, frei, dicht gepackt, breit. Stiel 7 – 10 cm hoch, 5 – 15 mm dick, weiß, oft längsstreifig, an der Basis etwas angeschwollen. Auf Stümpfen, Stämmen, Ästen und auf Sägemehl. Während des ganzen Jahres. Nicht selten.
Der Große Scheidling (*Volvariella speciosa*) * ist ähnlich, hat aber einen helleren Hut, einen längeren Stiel mit häutiger, becherförmiger Scheide und wächst auf Gras und Stroh.

Entoloma (Rötlinge i. e. S.)

Untergattung von *Rhodophyllus* (Rötlinge). Sporen im Mikroskop eckig und warzig. (Weitere Untergattungen: *Leptonia* (Zärtlinge), *Nolanea* (Glöcklinge) und *Eccilia* (Nabelrötlinge)

Stinkrötling *Rhodophyllus nidosorum* (*Entoloma nidosorum*) +
Hut 3 – 7 cm, gewölbt oder flach, graubraun oder weißlich, dünnfleischig brüchig. Lamellen weißlich bis fleischfarben, emarginat oder frei. Stiel 5 – 13 cm hoch, 3 – 15 mm dick, weißlich, etwas bestäubt. Geruch nach Salpetersäure. In Wäldern und auf Wiesen. August – Dezember. Häufig.

Riesenrötling *Rhodophyllus sinuatus* (*Entoloma sinuatum*) + +
Hut 7 – 15 cm, gewölbt oder flacher, schmutzig gelblich, fleischig, glatt, etwas klebrig. Lamellen weiß oder fleischfarben, emarginat, breit, weitstehend. Stiel 8 – 14 cm hoch, 2,5 – 3 cm dick, weiß, zylindrisch, streifig, etwas bestäubt. Geruch fade, jedoch unangenehm. Unter Laubbäumen. August – November. Nicht häufig.

Gefalteter Nabeling
Omphalina
ericetorum

Ungenießbar

Rehbrauner
Dachpilz
Pluteus cervinus

Eßbar

Stinkrötling
Rhodophyllus
nidosorum

Schwach giftig

Riesenrötling
Rhodophyllus
sinuatus

Giftig

Mehlpilz *Clitopilus prunulus* **

Hut 3 – 10 cm, gewölbt, später flach oder eingedellt, oft unregelmäßig, weiß wellig oder lappig, feucht etwas klebrig, manchmal gepunktet oder konzen trisch gebändert. Lamellen weißlich, später blaß fleischfarben, weit herab laufend, schmal, dichtstehend. Stiel 2 – 6 cm hoch, 1 – 1,5 cm dick, weiß, in der Mitte am dicksten, mitunter etwas zum Hutrand verschoben. Geruch und Geschmack mehlig. Auf Waldlichtungen oder Wiesen. Juni – Novem ber. Ziemlich häufig.

Seidiger Rötling *Rhodophyllus sericea (Nolanea sericea)* +

Hut 2 – 4 cm, gewölbt, später flacher und ein wenig gebuckelt, dunkelbraun im trockenen Zustand heller und seidig. Lamellen weißlich oder hellgrau später schmutzigrosa, emarginat und adnex. Stiel 2,5 – 5 cm hoch, 3 – 6 mm dick, graubraun, am Grunde weißlich, relativ kurz, faserig, Geruch nach Mehl. Auf grasbewachsenen Stellen. Mai – Oktober. Recht häufig.

Hutpilze mit rostbraunen Sporen:

1a Stiel mit Ring, *Pholiota, Gymnopilus, Galerina* S. 96 – 9
1b Stiel mit spinnwebartigem Schleier, besonders bei jungen
Exemplaren, *Cortinarius* S. 100, *Gymnopilus* S. 9
1c Stiel weder mit Ring noch mit Schleier
  2a Lamellen frei *Bolbitius* S. 10
  2b Lamellen adnex oder adnat *Galerina, Conocybe* S. 9
  2c Lamellen etwas herablaufend *Tubaria* S. 10
  2d Lamellen weit herablaufend *Paxillus* S. 10

Pholiota (Schüpplinge)

Fädige Huthaut, glatte Sporen ohne Keimpore. Bei *Gymnopilus* sind die Spo ren rauh, bei *Galerina* haben sie eine Keimpore. Bei *Conocybe* ist die Hut haut zellulär gebaut.

Sparriger Schüppling *Pholiota squarrosa* *

Hut 3 – 10 cm, gewölbt, später flacher und mit einem breiten Buckel, ocker gelb bis gelblich rostbraun, dick mit braunen, zurückgekrümmten Schuppen bedeckt. Lamellen gelblich bis blaß rostbraun, adnat, mit herablaufenden Zahn, dicht gepackt. Stiel 6 – 20 cm hoch, 1 – 2,5 cm dick, von der Färbung des Hutes und mit ähnlichen Schuppen unterhalb des Ringes, oberhalb glatt Ring dunkelbraun, faserig. Fleisch gelblich. Am Grunde von Laubbäumen Juli – Dezember. Häufig. Der Schleimige Schüppling (*Pholiota adiposa*) is ähnlich, hat aber klebrige Schuppen.

Beringter Flämmling *Gymnopilus junonius (Pholiota spectabilis)* +

Hut 5 – 13 cm, gewölbt, gelb- oder goldbraun, mit strahligen Fasern und kleinen Schuppen. Ränder eingerollt, filzig. Lamellen gelblich bis rostbraun adnat, eng. Stiel 6 – 13 cm hoch, 2 – 3 cm dick, faserig, mitunter spindelför mig. Ring häutig, gelblich, oft bräunlich durch herabfallende Sporen. In Bü scheln auf Stämmen oder Stümpfen von Laubholz. August – Dezember Häufig.

Mehlpilz
Clitopilus prunulus

Eßbar

Seidiger Rötling
Rhodophyllus sericea

Ungenießbar

Sparriger Schüppling
Pholiota squarrosa

Eßbar

Beringter Flämmling
Gymnopilus iunonius

Ungenießbar

Bitterer Tannenflämmling *Gymnopilus penetrans* +
Hut 5 – 8 cm, gewölbt, später abgeflacht, hell- bis goldgelb, trocken und
glatt, an der Oberfläche feinfaserig. Lamellen weißlich, später blaßgelb oder
lohfarben, adnat bis herablaufend, breit, engstehend. Stiel 4 – 7 cm hoch,
6 – 10 mm dick, gelb, oberwärts blasser, bei Verletzung nachdunkelnd, sehr
faserig, am Grunde weißlich. Fleisch gelblich. Geschmack bitter. Stiel meist
mit einem Faserring. In Kiefernwäldern, auf dem Boden, auf Zweigen oder
auf Holzspänen. August – November. Ziemlich häufig.

Galerina (Häublinge)

Umfaßt Arten mit oder ohne Ring, von geringer Größe. Hut ohne Schuppen.

Stockschwämmchen *Galerina mutabilis (Pholiota mutabilis)* **
Hut 3 – 6 cm, gewölbt, später flacher, kastanien- oder dunkelbraun, trocken
eher blaß ockergelb, scharfe Grenzen zwischen den (dunkleren) feuchten
und (helleren) trockenen Stellen. Lamellen weißlich, später zimtfarben, adnat, etwas herablaufend, breit, dicht gestellt. Stiel 4 – 8 cm hoch, 0,5 – 1 cm
dick, weißlich oberhalb des Rings, dunkelbraun unterhalb, ziemlich schlank,
anfangs etwas schuppig. Ring häutig, im oberen Stieldrittel. Oft in Kolonien
auf Stümpfen oder Stämmen von Laubhölzern. April – Dezember. Häufig.
Galerina unicolor ist ähnlich, aber schlanker, mit sehr schmalem Ring, ohne
schuppigen Stiel. Oft unter Nadelhölzern.

Mooshäubling *Galerina hypnorum* +
Recht klein. Hut 6 – 12 mm, halbkugelig oder glockig, blaßockergelb, in der
Mitte streifig. Lamellen zimtfarben oder rostbraun, adnat, mit herablaufen-
dem Zahn, weitstehend. Stiel 2 – 5 cm hoch, 1 – 2 mm dick, gelb oder lohfar-
ben, schlank. Geruch beim Zerreiben mehlig, Geschmack ebenso (wichtiges
Unterscheidungsmerkmal von allen anderen *Galerina*-Arten). Im Moos auf
Waldboden, in Heiden und grasbewachsenen Standorten. Mai – November.
Häufig.

Conocybe (Samthäubchen)

Unterscheidet sich von *Galerina* durch den zelligen Aufbau der Huthaut.
Meist auch etwas größer und mit kegeligen Hüten.

Rotstieliges Samthäubchen *Conocybe tenera* +
Hut 1,5 – 3 cm, rundlich-kegelig oder schirmförmig, feucht rostbraun bis
dunkel ockergelb, trocken ledergelb bis blaß zimtfarben, etwas höher als
breit, nur in sehr feuchtem Zustand etwas streifig, glatt, dünnfleischig, zerbrechlich. Lamellen zimtfarben, adnat, später frei, dichtstehend. Stiel
7,5 – 10 cm hoch, ca. 2 mm dick, von der Färbung des Hutes, schlank, brüchig, etwas gestreift, hohl, fein bestäubt, am Grunde mit weißlichem, knol-
ligem Fortsatz. Im Gras, an Wegrändern, in Gärten und Wäldern. April –
Dezember. Häufig. Formenreich.

Bitterer Tannenflämmling
Gymnopilus penetrans

Ungenießbar

Stockschwämmchen
Galerina mutabilis

Eßbar

Mooshäubling
Galerina hypnorum

Ungenießbar

Rotstieliges Samthäubchen
Conocybe tenera

Ungenießbar

Cortinarius (Schleierlinge)

Sehr umfangreiche Gattung mit vielen, häufigen Arten. Bestimmung schwierig. Gemeinsames Merkmal ist der spinnwebartige Schleier (Cortina), der besonders auf den jüngeren Exemplaren zu sehen ist.

Runzeliger Schleierling *Cortinarius pseudosalor +*
Hut 3 – 11 cm, kegelig gewölbt, später flacher, aber immer mit deutlichem Buckel, oliv-lederfarben oder graubraun bis ockergelblich, in der Mitte eher rötlichbraun, klebrig; Ränder anfangs manchmal violett getönt, glatt oder stark gerunzelt. Lamellen junger Exemplare mit violettem Anflug, später schmutzig gelblich oder blaßbraun, zuletzt rostbraun bis ockerfarben, adnat, breit, manchmal durch Adern verbunden, randlich heller. Stiel 4,5 – 10 cm hoch, 7 – 22 mm dick, weiß oder blaßviolett, oberhalb des Schleiers, der im oberen Teil einen welligen Rand hinterläßt, seidig gestreift, im unteren Teil gewöhnlich tiefer purpurn oder bläulich-violett, gelegentlich auch weiß, zylindrisch mit verschmälerter Basis. In Laub- und Nadelwäldern, besonders unter Rotbuchen. August – Oktober. Häufig auch als Varietät des Langstieligen Schleimfußes (*Cortinarius elatior*) aufgefaßt.

Blutblättriger Schleierling *Cortinarius semisanguineus +*
Hut 3 – 8 cm, gewölbt, später flacher, aber immer gebuckelt, olivbraun bis ockerfarben-bräunlich, manchmal dunkler oder in der Mitte rötlichbraun, seidig, feinschuppig und feinfaserig. Lamellen tief blutrot, mit rostbraunen Sporen bestäubt, adnat, breit, sehr engstehend. Stiel 2 – 11 cm hoch, 4 – 13 mm dick, ockerfarben oder gelblich, an der Spitze blasser oder weißlich, schlank, faserig, solid, zylindrisch. Unter Birken oder Nadelhölzern. August – November. Häufig. *Cortinarius cinnamomeus* ist ähnlich und kommt am gleichen Standort vor, doch sind seine Lamellen anfangs zitronen- oder chromgelb und werden erst später dunkelorange oder leuchtend rot.

Geschmückter Gürtelfuß *Cortinarius armillatus +*
Hut 4 – 12 cm, ziegelrot bis blaßgelblich-braun, in der Mitte dunkler, glatt oder mit faseriger Oberseite. Lamellen blaß zimtfarben, später rostbraun oder dunkelbraun, adnat, sehr breit. Stiel 6 – 15 cm hoch, 1 – 2 cm dick, rotbraun, blasser als der Hut, mit unregelmäßigen, roten Banden, faserig, zylindrisch und am Grunde etwas angeschwollen. In Laubwäldern, besonders unter Birken oder auf Heiden. August – Oktober. Nicht selten.

Duftender Gürtelfuß *Cortinarius paleaceus +*
Hut 1,5 – 3 cm, kegelig oder breit glockenförmig, mit leicht zugespitztem Buckel, feucht dunkelbraun, trocken rehbraun, Oberseite anfangs mit weißlichen, zurückgebogenen Schuppen oder Fasern. Lamellen rötlich bis zimtbraun, adnat. Stiel 5 – 7 cm hoch, 2 – 3 mm dick, bräunlich, Schleier in Form zurückbleibender weißlicher Bänder und Streifen. Beim Zerreiben nach Geranien riechend. In feuchten Wäldern. Bodenpilz. September – November. Häufig.

**Runzeliger
Schleierling**
*Cortinarius
pseudosalor*

Ungenießbar

**Blutblättriger
Schleierling**
*Cortinarius
semisanguineus*

Ungenießbar

**Geschmückter
Gürtelfuß**
*Cortinarius
armillatus*

Ungenießbar

**Duftender
Gürtelfuß**
*Cortinarius
paleaceus*

Ungenießbar

Goldmistpilz *Bolbitius vitellinus* +
Hut 2 – 4 cm, zunächst oval bis glockenförmig, dann ziemlich flach, chromgelb, allmählich ausbleichend, zuletzt weißlich, dünnfleischig, glatt und schleimig, beim Trocknen mit deutlichen, strahligen Furchen am Rand. Rand sehr dünn und oft zerfetzt. Lamellen zimtfarben bis rostbraun, adnex oder frei, breit, dünn und sehr dichtstehend. Stiel 6 – 11 cm hoch, 2 – 4 mm dick, weißlich oder blaßgelb, schlank, nach oben verschmälert, sehr brüchig, hohl. Auf Strohballen, Gras und Dung. Mai – Oktober. Recht häufig.

Winter-Trompetenschnitzling *Tubaria furfuracea* *
Hut 1 – 4 cm, flachgewölbt oder ganz flach, feucht dunkel orange- oder zimtbraun, trocken blaß gelbbräunlich, mehr oder weniger schuppig. Rand streifig, anfangs mit weißen, flachen Schuppen (Schleierreste). Lamellen zimtbraun, breit, adnat oder leicht herablaufend, weitstehend. Stiel 2 – 5 cm hoch, 2 – 4 mm dick, von der Färbung des Hutes oder dunkler, ebenfalls mit helleren, kleinen Schuppen bedeckt (zumindest bei jungen Exemplaren), schlank, hohl, an der Basis weißfilzig. Sporen bläßlich, eher ockergelb als braun. Auf Waldböden, Ödland, an Straßenrändern und in Gärten. Im Herbst recht häufig.

Paxillus (Kremplinge)

Rostrote Sporen und weit herablaufende Lamellen, die an der Stielansatzstelle über Querleisten verbunden sind.

Kahler Krempling *Paxillus involutus* +
Hut 7 – 20 cm, anfangs gewölbt, dann aber abgeflacht, mit zentraler Eindellung, braungelb, gelblich oder olivbraun, flaumig, später glatt, ausgenommen den Hutrand, der zunächst stark eingeschlagen ist. Lamellen dunkelgelblich, später gelblich rostbraun, bei Verletzung dunkler braun anlaufend, herablaufend, verzweigt und mit Querleisten in Stielnähe, breit, sehr dicht. Stiel 5 – 8 cm hoch, 1 – 4 cm dick, von der Färbung des Hutes oder dunkler, oft braun gepunktet oder gestreift, nach oben verdickt und manchmal etwas zum Hutrand versetzt. Sporen dunkel gelblichbraun. In Laub- und Nadelwäldern, besonders auch in Heiden. Juni – Dezember. Sehr häufig. Zeitweise als eßbar angesehen. Bei anfangs beschwerdefreiem Genuß steigende Unverträglichkeit (Nierenschäden).

Samtfußkrempling *Paxillus atrotomentosus* *
Hut 5 – 30 cm, flachgewölbt, manchmal etwas unregelmäßig, rostrot oder rötlich braun, fleischig. Oberseite trocken, mitunter leicht filzig; Ränder eingeschlagen. Lamellen gelblich, herablaufend, schmal, engstehend, in Stielnähe verzweigt und oft vernetzt. Stiel 5 – 8 cm hoch, 1 – 2,5 cm dick, kräftig. Oberfläche dunkelbraun oder fast schwarz samtig, zylindrisch, zur Basis etwas verschmälert, oft gekrümmt und gewöhnlich etwas zum Hutrand verschoben. Sporen blaß ockergelb. Unter Nadelbäumen oder an Nadelholzstümpfen. August – November. Häufig.

Goldmistpilz
Bolbitius vitellinus

Ungenießbar

**Winter-Trompeten-
schnitzling**
Tubaria furfuracea

Eßbar

Kahler Krempling
Paxillus involutus

Giftig

Samtfußkrempling
*Paxillus
atrotomentosus*

Eßbar

Hutpilze mit dunkelbraunen Sporen:

1a Stiel mit häutigem Ring   *Agrocybe* S. 104
1b Stiel ohne Ring, Lamellen mehr oder weniger sinuat
  2a Hut mit strahlig angeordneten Fasern   *Inocybe* S. 104
  2b Hut ohne solche Fasern   *Hebeloma* S. 106

Voreilender Ackerling *Agrocybe praecox* *
Hut 3 – 8 cm, gewölbt, später abgeflacht, weißlich bis blaß schmutziggelb,
weich. Lamellen weißlich, später zigarrenbraun, adnex, breit, dichtstehend.
Stiel 4 – 9 cm hoch, 6 – 10 mm dick, zylindrisch, weiß, später gelblich, Oberfläche anfangs mehlig, mit weißem, häutigem Ring, der oberseits gestreift ist
und in der oberen Stielhälfte sitzt. Sporen zigarrenbraun. Geruch und Geschmack mehlig. In Laubwäldern und auf grasbewachsenen Stellen. Mai –
Juli. Häufig. Der verwandte Leberbraune Erdschüppling (*Agrocybe erebia*)
hat einen dunkelbraunen Hut und einen weißlichen bis schmutzigbraunen
Stiel. Häufig in feuchten Laubwäldern.

Inocybe (Rißpilze)

Strahlig verlaufende Fasern auf der Hutoberseite, dunkelbraune Sporen und
Schleier.

Erdblättriger Rißpilz *Inocybe geophylla* +
Hut 1,5 – 3 cm, kegelig, mit eingerolltem Rand, dann glockenförmig, zuletzt
auch flach oder bucklig, weiß, in der Mitte gelblich, strahlig seidenstreifig.
Lamellen weißlich, später blaß graubraun, adnex, oft auch frei, dicht. Stiel
4 – 8 cm hoch, 2 – 6 mm dick, weiß, seidig, dünn, oft wellig verbogen, am
Grunde angeschwollen. Geruch deutlich. In Wäldern, bevorzugt an feuchten
Stellen. Juli – Dezember. Häufig.

Violettroter Rißpilz *Inocybe geophylla* var. *lilacina* +
Farbvarietät der vorigen Art, bis auf die hellen Lamellen ganz violettrot gefärbt. Etwas häufiger als die weiße Form, aber an den gleichen Standorten.

Kegeliger Rißpilz *Inocybe fastigiata* + +
Hut 3 – 10 cm, kegelig oder glockig, später etwas abgeflacht, aber immer gebuckelt, erst strohgelb, später bräunlicher. Oberfläche glatt, mit strahligen
Fasern, Rand oft zerfetzt. Lamellen gelblich, später oliv, adnat oder adnex,
schmal, dichtstehend, randlich heller bis weiß. Stiel 4 – 10 cm hoch, 5 – 15 mm
dick, weißlich oder blaß ockerfarben, zuletzt braun, zylindrisch, oft wellig
verbogen oder gekrümmt, faserstreifig, oberwärts etwas bestäubt. Geruch
leicht mehlig, Geschmack ziemlich bitter. In Laubwäldern, besonders unter
Rotbuchen. Juni – Oktober. Ziemlich häufig.
Der Knollige Rißpilz (*Inocybe cookei*) ist ebenfalls strohgelb, aber insgesamt
kleiner (Hut 2 – 4 cm), dabei breit kegelig bis gewölbt und gebuckelt, seidenstreifig. Stiel 3 – 6 cm hoch, 3 – 5 mm dick, weißlich-gelblich, am Grunde mit
kleiner, umrandeter Knolle. In Laubwäldern. Häufig.

Links:
**Voreilender
Ackerling**
Agrocybe praecox

Eßbar

Rechts:
**Erdblättriger
Rißpilz**
Inocybe geophylla

Giftig

**Violettroter
Rißpilz**
Inocybe geophylla
var. *lilacina*

Giftig

Kegeliger Rißpilz
Inocybe fastigiata

Giftig

Gefleckter Rißpilz *Inocybe maculata* +

Hut 2 – 8 cm, kegelig oder glockig, oft mit deutlichem Buckel, dunkel- oder kastanienbraun, zunächst mit einem Schleier bedeckt, der in Flecken auf dem Buckel zurückbleibt. Oberseite stark faserig gestreift, Fasern dunkelbraun, zum Rand hin aufbrechend, Hutfleisch dazwischen heller durchscheinend. Lamellen weißlich, später tabakbraun, adnat-emarginat, schmal, dichtstehend, randlich leicht gefranst. Stiel 4 – 9 cm hoch, 5 – 12 mm dick, weiß, später braun, faserstreifig, zylindrisch, am Grunde manchmal angeschwollen. In Laubwäldern, besonders unter Rotbuchen. September – November. Häufig. Der Sternsporige Rißpilz (*Inocybe asterospora*) * ist recht ähnlich, hat aber eine deutlich knollige Basis mit wulstigem Rand am Stielgrund.

Ziegelroter Rißpilz *Inocybe patouillardii* +

Hut 3 – 8 cm, kegelig oder glockig, später flacher und mehr oder weniger gebuckelt, weiß, elfenbeinfarbig bis gelblichbraun, an Verletzungsstellen und entlang den Fasern im Hut blutrot. Rand oft zerfetzt. Lamellen weiß, später olivbraun, beim Reiben rötlich, adnat, adnex oder nahezu frei. Stiel 4 – 10 cm hoch, 1 – 2 cm dick, weiß-rötlich, seidenstreifig, oft an der Basis etwas angeschwollen. In Laubwäldern, besonders unter Rotbuchen, auf Kalkböden. Mai – November. Verbreitet. Durch die Rotverfärbung von allen anderen *Inocybe*-Arten gut zu trennen. Nur noch *Inocybe godeyi* rötet, doch hat diese Art eine umrandete Verdickung am Stielgrund. Der Birnenwirrkopf (*Inocybe pyriodora*) ist am deutlichen Birnengeruch zu erkennen. Der Duftende Wirrkopf (*Inocybe bongardii*) riecht ähnlich, hat aber einen blaßbräunlichen, etwas schuppigen Hut. Beide in Laub- oder Nadelwäldern.

Hebeloma (Fälblinge)

Unterscheidet sich von *Inocybe* durch fehlende Hutfasern und besser entwickeltes Hutfleisch.

Tongrauer Fälbling *Hebeloma crustuliniforme* +

Hut 5 – 10 cm, gewölbt, lederfarben oder blaß gelblichbraun, manchmal auch etwas rötlich getönt, fleischig, weich und glatt, anfangs schleimig. Lamellen blaß tongraubraun oder milchkaffeefarben, später dunkler braun, sinuat, breit, dichtstehend, am Rande unregelmäßig. Stiel 4 – 7 cm hoch, 1 – 2,5 cm dick, weißlich, am Grunde leicht angeschwollen. Geruch beim Zerreiben nach Rettich, Geschmack brennend. Auf feuchtem Boden in Wäldern und Gärten. August – November. Häufig.

Dunkelscheibiger Fälbling *Hebeloma mesophaeum* +

Hut 2,5 – 4 cm, gewölbt oder abgeflacht, in der Mitte dunkelbraun, blasser oder gelblichbraun zum Rand, glatt, anfangs schleimig. Rand mit weißen Fasern (Schleierreste). Lamellen weißlich bis fleischfarben, später dunkler braun, sinuat, ziemlich breit, dichtstehend. Stiel 5 – 7,5 cm hoch, 4 mm dick, zunächst weißlich, dann von unten her nachdunkelnd, faserig. Der Schleier hinterläßt oben oft faserige Ringe. Geschmack bitter. In Nadelwäldern oder unter Birken. September – Oktober. Häufig.

Gefleckter Rißpilz
Inocybe maculata

Ungenießbar

Ziegelroter Rißpilz
Inocybe patouillardii

Ungenießbar

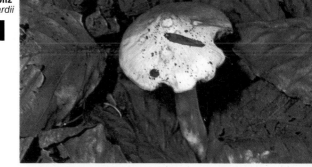

Tongrauer Fälbling
*Hebeloma
crustuliniforme*

Ungenießbar

**Dunkelscheibiger
Fälbling**
*Hebeloma
mesophaeum*

Ungenießbar

Rettichfälbling *Hebeloma sinapizans +*
Hut 4,5 – 20 cm, gewölbt, später flacher und wellig, oft mit eingeschlagenem Rand, blaß- oder lederbraun, am Rande heller, fleischig, glatt, anfangs etwas klebrig. Lamellen blaß zimtfarben, tief emarginat, breit. Stiel 7,5 – 12,5 cm hoch, 1 – 2 cm dick, weiß, mit rötlichen Schuppen bedeckt, an der Basis verdickt, hohl. Fleisch weiß. Geruch deutlich nach Rettich. Unter Laubbäumen. September – Oktober. Nicht sehr häufig. Der Stolze Fälbling (*Hebeloma sinuosum*) ist ähnlich, aber praktisch geruchlos.

Hutpilze mit violetten, dunkelbraunen oder schokoladen-braunen Sporen:

1a Stiel mit häutigem Ring
    2a Lamellen frei   *Agaricus* S. 108
    2b Lamellen adnat bis sinuat   *Stropharia* S. 110
1b Stiel ohne häutigen Ring
    3a Stiel faserig, nicht knorpelig
        4a Hut von gelblicher Färbung, bei jungen Exemplaren
            mit Schleier   *Hypholoma* S. 112
        4b Hut ohne gelbliche Farbtöne, kein Schleier
            vorhanden   *Psilocybe* S. 114
    3b Stiel knorpelig, brüchig   *Lacrymaria* S. 112 *Psathyrella* S. 114

Agaricus (Psalliota) (Egerlinge oder Champignons)

Schokoladebraune Sporen, freie Lamellen, fleischiger, ringloser Stiel.

Waldegerling *Agaricus silvaticus* **
Hut 7,5 – 11 cm, erst rundlich, dann gewölbt, später abgeflacht, rötlich bis mittelbraun, Oberfläche dicht faserig und in kleine, flache Schuppen aufbrechend. Lamellen weißlich, später rötlich und dunkelbraun, frei, engstehend. Stiel 6 – 9 cm hoch, 1 – 1,5 cm dick, schmutzigweiß bis bräunlich, unterhalb des häutigen, abstehenden, oberseits weißen, unterseits grauen Rings dicht faserig oder schuppig. Fleisch weiß, im Anschnitt oder im Alter rosa oder braun verfärbend. In Wäldern. Juli – September. Ziemlich häufig.

Dünnfleischiger Anisegerling *Agaricus silvicola* **
Hut 5 – 15 cm, rundlich oder glockig, später flacher, weißlich bis cremeweiß, im Anschnitt oder Alter gelb, glatt. Lamellen bräunlich-violettgrau, später schokoladenbraun, frei. Stiel 5 – 15 cm hoch, 1 – 3 cm dick, gelblichbraun, hohl, am Grunde knollig. Ring häutig, breit, oben weiß, unterseits braunfleckig. Nach Anis duftend. In Nadelwäldern. August – November. Recht häufig.

Weißer Anisegerling *Agaricus arvensis* **
Hut 7 – 15 cm, cremeweiß, im Anschnitt gelb oder braun verfärbend, glatt. Lamellen weiß, später bräunlich-violettgrau, zuletzt schokoladenbraun, frei, recht eng gestellt. Stiel 8 – 13 cm hoch, 1,5 – 3 cm dick, weiß, manchmal gelb verfärbend, glatt, zylindrisch oder zur Basis verdickt. Ring groß, abstehend, oberseits weiß, unterseits mit bräunlichen, strahligen Flecken. Fleisch weiß, in der Stielbasis gelblich. Nach Anis oder Mandeln duftend. Auf Wiesen oder Kuhweiden. Juli – November. Recht häufig.

ettichfälbling
ebeloma sinapizans

Ungenießbar

/aldegerling
garicus silvaticus

Eßbar

**ünnfleischiger
nisegerling**
garicus silvicola

Eßbar

Weißer Anisegerling
garicus arvensis

Eßbar

Giftegerling *Agaricus xanthodermus* +
Hut 5 – 10 cm, flachkugelig oder flachgewölbt, weiß, im Anschnitt schnell leuchtend zitronengelb. Lamellen weißlich, später blaß bräunlich, zuletzt schokoladenbraun, frei, sehr engstehend. Stiel 6 – 10 cm hoch, 12 – 15 mm dick, weiß, ebenfalls kräftig gelb verfärbend, zylindrisch, glatt, an der Basis verdickt. Ring weiß, manschettenförmig. Fleisch weiß, rasch gelb verfärbend Geruch unangenehm. Unter Bäumen, in Hecken, Feldern, Gärten. Juli – Oktober. Verbreitet. Der Perlhuhnegerling (*Agaricus placomyces*) + ist ähnlich, der Hut ist jedoch zusätzlich mit schwärzlichen, kleinen, faseriger Schuppen besetzt.

Feld- oder Wiesenegerling *Agaricus campestris* **
Hut 5 – 12 cm, weiß, später bräunlich, in der Hutmitte dunkler, glatt oder mit nur wenigen flachen, bräunlichen, faserigen Schuppen, Rand eingerollt Lamellen anfangs rosa, später schokoladenbraun, frei, engstehend. Stiel 4 – 8 cm hoch, 2 – 4 cm dick, gedrungen, weiß, bräunlich verfärbend, glatt anfangs solid, später mit kleiner Höhlung. Ring schmal, dünnhäutig, frühzeitig verschwindend. Geruch angenehm. Auf alten Wiesen und in Rasen, of auch in Ringen. August – November. Verbreitet. Der Kultur-Champignor (*Agaricus brunnescens* oder *Agaricus bisporus*) ist eine Art, die bevorzugt au Komposthaufen wächst und deren Stielbasis von einer dünnen Membrar überzogen wird.

Stropharia (Träuschlinge)

Von *Agaricus* durch die adnaten oder sinuaten Lamellen und den eher faserigen Stiel unterschieden.

Grünspan-Träuschling *Stropharia aeruginosa* +
Hut 3 – 8 cm, breitkegelig oder gewölbt, später flach, durch den anhaftenden farbigen Schleim anfangs auffallend grünspanig, später eher gelblich. Jung am Rande mit kleinen, weißlichen Schuppen. Lamellen rauchbraun, später schokoladenbraun, adnat, mit hellerem Rand. Stiel 4 – 10 cm hoch, 4 – 12 mm dick, blaugrün, aber blasser als der Hut, zylindrisch, schleimig, mit kleinen, wolligen Schuppen unterhalb des Rings. Ring häutig, mehr oder weniger abstehend, oberseits weiß (oder schokoladenbraun von herabrieselnden Sporen), unterseits bläulich, häufig verschwindend. In Wäldern, Gärten und auf grasbewachsenen Stellen. Mai – November. Häufig.

Halbkugeliger Träuschling *Stropharia semiglobata* +
Hut 1 – 3 cm, halbkugelig, später gewölbt, blaß- oder strohgelb, schleimig Lamellen bräunlich, zuletzt schokoladenbraun, adnat, sehr breit, dichtstehend. Stiel 6 – 10 cm hoch, 2 – 3 mm dick, weiß, später gelblich, dünn und schlank, gerade oder am Grunde gebogen, hohl, unterhalb des Rings schleimig. Ring dünnhäutig und schmal, oft nur als dunkle Linie am Stiel angedeutet. In Feldern, Heiden, Wäldern und Gärten, gewöhnlich auf Dung Während des ganzen Jahres. Recht häufig.

Giftegerling
Agaricus xanthodermus

Ungenießbar

Feldegerling
Agaricus campestris

Eßbar

Grünspan-Träuschling
Stropharia aeruginosa

Ungenießbar

Halbkugeliger Träuschling
Stropharia semiglobata

Ungenießbar

Hypholoma (Schwefelköpfe)

Lamellen sinuat, manchmal adnex, spinnwebartig. Anfangs mit Schleier. Hut oft von gelblicher Färbung. Stiel faserig.

Grünblättriger Schwefelkopf *Hypholoma fasciculare* +
Hut 2 – 5 cm, gewölbt, später flacher, manchmal gebuckelt, blaßgelb, oft rötlichbraun, in der Mitte dunkler, glatt. Rand eingeschlagen, oft mit bräunlichen, häutigen, dünnen Schleierresten. Lamellen grünlichgelb, später dunkel olivgrün oder schokoladenbraun, sinuat, dichtstehend. Stiel 5 – 22 cm hoch, 4 – 10 mm dick, blaßgelb, zylindrisch, oft wellig oder gekrümmt, faserig, hohl, im oberen Teil oft mit faserigen Schleierresten. Geschmack bitter. Fleisch gelb, im Stiel faserig, färbt sich an der Stielbasis mit Ammoniak-Lösung orange an. Oft gesellig in sehr großen Kolonien an und auf Stümpfen von Laubhölzern. Während des ganzen Jahres, besonders im Herbst. Häufig.

Ziegelroter Schwefelkopf *Hypholoma sublateritium* +
Hut 3 – 10 cm, gewölbt, später flacher, ziegelrot, zum Rand hin gelblich oder weißlich, glatt. Rand eingeschlagen, oft mit dünnhäutigen Schleierresten. Lamellen blaß gelblich, anfangs ohne grünlichen Farbton, später aber grauviolett bis schokoladenbraun, adnat oder sinuat-adnat, ziemlich breit, dichtstehend. Stiel 5 – 10 cm hoch, 8 – 15 mm dick, im oberen Teil gelblich-lederfarben, weiter unten rötlich- oder rostbraun, meist zum Grunde verschmälert, solid, faserschuppig, in der oberen Hälfte mit Faserring. Fleisch gelblich, mit Ammoniak-Lösung nicht verfärbend. Geschmack bitter. Gesellig in der Nähe von Baumstümpfen in Laubwäldern. Während des ganzen Jahres, besonders im Herbst. Häufig.

Rauchblättriger Schwefelkopf *Hypholoma capnoides* *
Hut 2,5 – 8 cm, gewölbt, später abgeflacht, ockergelb, manchmal auch bräunlich, am Rande heller als in der Mitte, glatt. Rand mit kleinen, häutigen Schleierresten. Lamellen anfangs weißlich, dann grauviolett bis schokoladenbraun, adnat, zuletzt frei, recht breit. Stiel 5 – 7 cm hoch, 4 – 8 mm dick, weißlich, später bräunlich, besonders zur Basis hin, zylindrisch, oft gekrümmt oder wellig, anfangs noch mit verschwindenden Schleierresten. Fleisch weißlich oder blaßgelblich, in der Stielbasis rostbraun. Geschmack mild. In meist dichten Beständen an Nadelholzstümpfen. April – Dezember. Verbreitet.

Saumpilz *Hypholoma velutina (Lacrymaria lacrymabunda)* +
Hut 4 – 7,5 cm, breit glockenförmig, später flacher und gebuckelt, dunkel gelblichbraun, anfangs mit strahligen, dunkleren, filzigen Fasern, später glatt. Rand eingekrümmt und fransig. Lamellen dunkelbraun bis bräunlichpurpurn, adnex oder sinuat-adnat, breit, mit weißem, tropfendem Rand, engstehend. Stiel 5 – 12,5 cm hoch, 4 – 15 mm dick, von der Färbung des Hutes, aber dunkler, nach oben hin jedoch heller, mit faserigem Ring, darunter faserschuppig, zylindrisch, hohl, zerbrechlich. Schleier gut entwickelt. Einzeln oder gesellig auf Wiesen oder Waldböden. September – Dezember. Ziemlich häufig.

Grünblättriger Schwefelkopf
Hypholoma fasciculare

Giftig

Ziegelroter Schwefelkopf
Hypholoma sublateritium

Giftig

Rauchblättriger Schwefelkopf
Hypholoma capnoides

Eßbar

Saumpilz
Hypholoma velutina

Ungenießbar

Spitzkegeliger Kahlkopf *Psilocybe semilanceata* +
Hut 1 – 2,5 cm, 10 – 15 mm hoch, spitzkegelig, unterseits gewölbt, blaß lederfarben bis blaß schmutziggelblich-braun, trocken dunkler, glatt, anfangs mit
abziehbarer, schleimiger Haut. Rand eingerollt, manchmal streifig. Lamellen
cremefarben, später purpurschwarz, mit weißem Rand, schmal, bis in die
Hutspitze aufsteigend, adnat oder adnex, dichtstehend. Stiel 4 – 7,5 cm hoch,
2 mm dick, von der Färbung des Hutes oder blasser, oben weißlich, dünn, oft
gewunden, glatt oder, anfangs mit kleinen filzigen Schuppen. Oft gesellig an
Wegrändern oder im Gras. August bis Dezember. Recht häufig.

Psathyrella (Faserlinge)
Dunkelbraune Sporen, dünne, spröde und knorpelige Stiele und etwas kege-
lige Hüte mit streifigen Rändern. Schleier manchmal vorhanden. Wenn die
Lamellen fleckig sind, siehe *Panaeolus* S. 118.

Lilablättriger Faserling *Psathyrella candolleana* *
Hut 5 – 10 cm, eichelförmig, später glockig oder gewölbt, zuletzt auch flacher, feucht blaß honigfarben, bald weißlich oder leicht bräunlich mit
schmutzigviolettem Rand, dünnfleischig und brüchig. Oberfläche glitzernd
(Lupenmerkmal!). Rand fransig, mit kleinen weißen, häutigen Schleierresten. Lamellen blaß graulila, später dunkel zimtfarben, adnex, später frei.
Stiel 4 – 7,5 cm hoch, 4 – 8 mm dick, weiß, zur Basis hin dicker, schlank, brüchig, hohl. Auf Stümpfen verschiedener Laubbäume. April – November.
Häufig.

Wäßriger Faserling *Psathyrella hydrophila* *
Hut 3 – 6 cm, kugelig, später gewölbt oder abgeflacht, feucht dunkelbraun,
manchmal blaß schmutziggelblich-braun oder lederbraun, dünnfleischig. Lamellen weißlich, zuletzt dunkelbraun. Stiel 5 – 10 cm hoch, 4 – 8 mm dick,
weißlich, schlank, brüchig. Schleier fädig. In reichen Beständen an Laub-
baumstümpfen. Häufig.

Hutpilze mit schwarzen oder dunkel olivgrauen Sporen:
1a Lamellen bei der Reife verflüssigend   *Coprinus* S. 114
1b Lamellen nicht verflüssigend, Hut nicht stark gefurcht
 2a Lamellen adnat, fleckig   *Panaeolus, Panaeolina* S. 118
 2b Lamellen herablaufend   *Chroogomphus* S. 118

Coprinus (Tintlinge)
Sporen schwarz, Lamellen verflüssigend, lösen sich vom Rand her in eine
tintenartige Flüssigkeit auf, während sich der Hut ausbreitet. Oberseite oft
tief-furchig.

Schopftintling *Coprinus comatus* *
Hut anfangs zylindrisch, 5 – 15 cm hoch, 4 – 6 cm breit, später glockig, in der
Mitte weißlich und glatt, dann gelblichbraun, zum Rand hin schuppig. Rand
rosa bis schwärzlich, zerfetzt und aufgerollt. Lamellen weiß, rosa und zuletzt
schwarz, frei, breit, dichtstehend, gehen in schwärzliche „Tinte" über. Stiel
12 – 25 cm hoch, 1 – 2 cm dick, weiß, glatt, glänzend, brüchig, hohl, am
Grunde etwas knollig verdickt, mit kurzem, wurzelartigem Fortsatz. Ring
schmal und häutig, beweglich. Auf Feldern oder an Wegen und Schuttstel-
len. Meist gesellig. April – Dezember. Häufig.

Spitzkegeliger Kahlkopf
Psilocybe semilanceata

Ungenießbar

Lilablättriger Faserling
Psathyrella candolleana

Eßbar

Wäßriger Faserling
Psathyrella hydrophila

Eßbar

Schopftintling
Coprinus comatus

Jung eßbar

Falten- oder Knotentintling *Coprinus atramentarius* *

Hut 5 – 8 cm breit, bis 5 cm hoch, oval, später glockig oder kegelig, grau oder graubraun, besonders in der Mitte etwas schuppig, strahlig gerippt. Rand oft unregelmäßig und kantig gelappt. Lamellen weißlich, später schwarz, frei, breit, dichtstehend, verflüssigend. Stiel 7 – 20 cm hoch, 8 – 18 mm dick, weiß, in der Mitte am breitesten, glatt, mit ringartiger Marke in der Stielmitte. In Wäldern, Gärten, Parks, oft in der Nähe von Bäumen oder Baumstümpfen. Meist gesellig. Mai – Dezember. Häufig. Eßbar. Der Genuß zusammen mit alkoholischen Getränken führt zu heftiger Übelkeit.

Glimmeriger Scheibchentintling *Coprinus plicatilis*

Hut 1 – 3 cm, anfangs oval, später rundlich oder breitkegelig, zuletzt flach, dunkel bis blaßbräunlich, sehr dünn und durchscheinend, oft auch nur in der Mitte bräunlich, ansonsten grau, tief rinnig und strahlig gefurcht. Lamellen grau, später schwarz, an einem dicklichen, flachen Ring im oberen Stielabschnitt befestigt, schmal, weitstehend, vergänglich, aber nicht verflüssigend. Stiel 2,5 – 7,5 cm hoch, 1 – 2 mm dick, weißlich und etwas durchscheinend, schlank, glatt, brüchig. Einzeln in Wiesen oder Rasen, Feldern oder Weggräben. April – Dezember. Häufig. Der Fuchsige Scheibentintling (*Coprinus hemerobius*) ist etwas ähnlich, doch sind hier die Lamellen direkt am verdickten Stiel angebracht. In Wäldern oder Wiesen. Seltener.

Spechttintling *Coprinus picaceus* +

Hut 5 – 10 cm breit und bis 5 cm hoch, oval, später glockig oder kegelig, im jungen Zustand mit dickem, weißem Filz überzogen, der jedoch in viele Flecken zerreißt, wenn der Hut sich dehnt und auf dunkelbraunem bis schwarzem Hintergrund ein hübsches Muster bildet. Lamellen weiß, später rosa, zuletzt schwarz, frei, breit, dichtstehend. Stiel 10 – 25 cm hoch, 6 – 12 mm dick, weiß, gerade, ziemlich schlank, nach oben verjüngt, glatt, hohl, brüchig, an der Basis verdickt und etwas schuppig. Ring fehlt. Gewöhnlich einzeln auf Waldböden, bevorzugt unter Rotbuchen. September – Dezember. Nicht häufig.

Glimmertintling *Coprinus micaceus* *

Hut 3 – 6 cm breit, bis 4 cm hoch, oval, später glockig und zuletzt breitkegelig, ocker- bis dunkelbraun, trocken ockergelb, in der Mitte meist dunkler als am Rand, brüchig, rinnig gefurcht. Oberseite glitzernd oder glimmerig (Lupenmerkmal!). Lamellen weißlich, später dunkelbraun, adnex, dichtstehend, gelegentlich verflüssigend. Stiel 5 – 20 cm hoch, 4 – 8 mm dick, weiß, glatt, bei jungen Exemplaren mit sehr kleinen Haaren dicht besetzt (Lupe!), hohl. Gewöhnlich in Kolonien auf oder bei Stümpfen von Laubbäumen. Während des ganzen Jahres. Häufig. Diese und einige weitere Arten, z. B. *Coprinus truncorum* und der Straßentintling (*Coprinus domesticus*) können nur nach mikroskopischen Merkmalen der Sporenform zuverlässig bestimmt werden.

Links:
Faltentintling
*Coprinus
atramentarius*

Jung eßbar

Rechts:
**Glimmeriger
Scheibchentintling**
Coprinus plicatilis

Ungenießbar

Spechttintling
Coprinus picaceus

Ungenießbar

Glimmertintling
Coprinus micaceus

Jung eßbar

Gesäter Tintling *Coprinus disseminatus* +
Hut 1 – 2 cm, anfangs oval, dann mehr halbkugelig, blaß ockerbräunlich oder lederfarben, später eher grau, in der Mitte immer bräunlicher, strahlig gestreift und gefurcht, etwas glitzernd (Lupenmerkmal!). Lamellen weißlich, später dunkelgrau, adnat, engstehend, recht schmal, verflüssigen sich nicht. Stiel 2,5 – 4 cm hoch, 2 mm dick, weiß, halbdurchscheinend, oft gewellt oder gebogen, am Grunde weiß, mit einem filzigen Mycel. Gesellig in großen Kolonien auf Baumstubben oder auf dem Boden. April – November. Häufig. Da die Lamellen sich nicht wie bei den anderen Tintlingen verflüssigen, wird diese Art gelegentlich auch in die Gattungen *Psathyrella* oder *Pseudocoprinus* gestellt.

Panaeolus (Düngerlinge)

An den schwarzen Sporen erkennbar, die nicht einheitlich über die gesamte Lamellenfläche heranreifen, sondern fleckenweise fertiggestellt werden.

Glockendüngerling *Panaeolus sphinctrinus* +
Hut 1 – 3 cm breit, 2 – 2,5 cm hoch, zunächst oval, dann schirm- oder glockenförmig, niemals verflachend, dunkelgrau oder schwärzlich, im trockenen Zustand nach Bleigrau ausbleichend, in der Mitte oft bräunlich. Hutrand reicht über die Lamellen hinweg und löst sich in kleine, weiße Zähne auf. Lamellen grau oder schwärzlich, sinuat-adnat, dichtstehend, am Rand oft weißlich. Stiel 7 – 12 cm hoch, 2 – 3 mm dick, grau bis graubraun oder fast schwarz, schlank, steif, brüchig, hohl, etwas bestäubt. Auf Fettwiesen und Weiden, oft auf Dung. Mai – Oktober. Häufig. Der verwandte *Panaeolus semiovinus* ist an seinem schmalen, häutigen Ring gut erkennbar. Der Hut ähnelt einer Eierschale.

Heudüngerling *Panaeolina foenisecii (Panaeolus foenisecii)* *
Hut 1,5 – 2,5 cm, breitkegelig oder stark gewölbt, aber niemals abgeflacht, feucht dunkel rötlichbraun, trocken gelblichbraun bis zimtfarben. Lamellen blaßbraun, fleckig, später dunkelbraun, Rand weißlich, adnat. Stiel 5 – 7,5 cm hoch, 2 – 4 mm dick, am Grunde bräunlich, oberwärts blasser, glatt, brüchig, hohl. Von *Panaeolus* durch die mehr bräunlichen (und im Mikroskop glatten) Sporen unterschieden. Auf Gras. Februar – Dezember. Häufig.

Kupferroter Schmierling *Chroogomphus rutilus* *
Hut 3 – 15 cm, gewölbt mit sehr großem, deutlich abgesetztem Buckel, dunkelbraun mit kupferroter Tönung, am Rande eher gelblich, fleischig, schleimig, blasser und glänzend im trockenen Zustand. Lamellen dunkeloliv, später rötlich-schwarz, weiterablaufend, breit, weitstehend. Stiel 6 – 12 cm hoch, 1 – 8 mm dick, oben weinfarben, in der Mitte ledergelb oder ocker, unten zitronen- oder chromgelb, zur Basis verschmälert, solid, mit undeutlicher, ringförmiger Marke im Oberteil, Fleisch lachsfarben, mit Jodjodkali-Lösung dunkelviolett. Unter Nadelbäumen. August – November. Recht häufig.

Gesäter Tintling
Coprinus disseminatus

Ungenießbar

Glockendüngerling
Panaeolus sphinctrinus

Ungenießbar

Heudüngerling
Panaeolina foenisecii

Eßbar

Kupferroter Schmierling
Chroogomphus rutilus

Eßbar

Bauchpilze, Gastromycetales

Zu dieser Gruppe gehören Pilze, deren Sporenmassen im Inneren eines Fruchtkörpers oder an der Spitze eines daraus hervorbrechenden Stiels produziert werden.

1a Übelriechend-schleimige Sporenmasse an der Spitze
    eines schwammigen Stiels   *Phallus, Mutinus*, S. 122
1b Sporenmasse verbleibt im Fruchtkörper
    2a Sporenmasse zunächst hart, später staubig, Wand des
        Fruchtkörpers dick und hart   *Scleroderma* S. 122
    2b Sporenmasse weich, Fruchtkörperwandung weich und dünn
        3a Außenschicht sternförmig aufgelöst   *Geaster* S. 122
        3b Außenschicht bleibt   *Lycoperdon, Vascellum, Bovista* S. 120

Lycoperdon (Stäublinge)

Fruchtkörper kugelig oder birnenförmig, mit Spitzenöffnung, durch die die Sporen entweichen.

Flaschenstäubling *Lycoperdon perlatum* *
Fruchtkörper 4 – 7 cm hoch, 3 – 5 cm breit, länglich-birnenförmig oder kugelig auf einer zylindrischen, stielähnlichen Basis, grauweiß, später gelblich, zuletzt fahl oder schmutzig gelblichbraun. Oberfläche mit kurzen, spitzen Warzen, die ihrerseits von einem Ring kleinerer Warzen umgeben sind und ein Netzmuster hinterlassen, wenn man sie wegrubbelt. Fleisch zunächst weiß, dann gelb, zuletzt staubig. Sporenmasse olivbraun. Wand dünn, papiertrocken, mit kleiner Öffnung an der Spitze. Juli – November. Ziemlich häufig.
Der Igelstäubling (*Lycoperdon echinatum*) trägt längere (3 – 4 mm) Warzen auf der Außenseite. Der Beutelstäubling (*Clavatia excipuliforme, Lycoperdon saccatum*) * ist mehr pistillartig und hat eine lange, stielartige Basis. Der Riesenbovist (*Lycoperdon giganteum*) ** ist weiß und sehr groß.

Birnenstäubling *Lycoperdon pyriforme* *
Fruchtkörper 2,5 – 10 cm hoch, 1 – 3 cm breit, mehr oder weniger birnenförmig, weiß oder weißgrau, später blaßbraun. Oberfläche erst mit zahlreichen kleinen Warzen besetzt, später glatt. Fleisch weiß oder grünlichgelb. Auf vermoderndem Holz. Oft gesellig. August – November. Häufig.

Münzenstäubling *Lycoperdon pratense (Vascellum pratense)* *
Fruchtkörper 2 – 5 cm breit, kugelig, oft auch flacher, weiß, später gelblich, zuletzt braun. Oberfläche mit feinen, weißen Stacheln und Warzen, die bald verschwinden. Fleisch weiß, dann gelblich, löst sich in eine dunkelolivbraune Sporenmasse auf. Auf Grasplätzen. August – November. Häufig.

Bleigrauer Zwergbovist *Bovista plumbea* *
Fruchtkörper 3 – 6 cm breit, kugelig, zunächst weiß, mit abschälender Außenschicht. Innenschicht dünn, papierartig, lederfarben, mit Spitzenöffnung. Fleisch weiß, später oliv, zuletzt eine staubige, gelblich- oder olivbraune Sporenmasse. Während des ganzen Jahres auf Wiesen oder anderen grasbewachsenen Stellen. Ziemlich häufig.

Flaschenstäubling
Lycoperdon perlatum

Eßbar

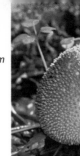

Birnenstäubling
Lycoperdon pyriforme

Jung eßbar

Münzenstäubling
Lycoperdon pratense

Jung eßbar

Bleigrauer Zwergbovist
Bovista plumbea

Jung eßbar

Halskrausen-Erdstern *Geastrum triplex +*

Fruchtkörper im jungen Zustand zwiebelähnlich; die äußeren Schichten werden später abgesprengt, rollen sich nach außen und bilden fünf bis sieben zugespitzte, fleischige Lappen in sternförmiger Anordnung, oft rissig, zunächst fleischfarben, dann dunkelbraun und ziemlich hornig. In der Mitte des Erdsterns (5 – 10 cm breit) bleibt ein kugeliger Sack von 1,5 – 3,5 cm Durchmesser zurück, der an der Spitze eine 15 mm weite Öffnung trägt und eine staubige, braune Sporenmasse enthält. Zwischen dem Sporensack und den sternförmigen Lappen oft noch ein fleischiger Becher. Am Boden von Laubwäldern, oft unter Rotbuchen, in Parks oder im Dünenbereich. September – Oktober. Verbreitet. Der Rotbraune Erdstern (*Geastrum rufescens*) ist ähnlich, aber nur 3 – 6 cm groß. Junger Fruchtkörper nicht zugespitzt.

Gemeiner Kartoffelbovist *Scleroderma aurantium +*

Fruchtkörper 4 – 8 cm breit, kugelig oder kürbisförmig, manchmal etwas buchtig. Oberfläche fest, weißlich oder dunkelgelblich, in kleine, flache, mehr oder weniger bräunliche Warzen zerreißend. Basis kantig, an kräftigen Mycelsträngen. Fleisch der Außenschichten 3 – 6 mm dick, weiß, oft im Anschnitt rosa; weiter innen härteres Fleisch, zunächst grau, dann purpurschwarz mit weißlichen Adern, später dunkelbraun und staubig. Fruchtkörper reißt zuletzt unregelmäßig auf. In Laubwäldern. Juli – Januar. Recht häufig. Schwach giftig. Der Dünnschalige Hartbovist (*Scleroderma verrucosum*) ist größer und dünnwandiger. Sporenmasse wird olivbraun.

Gemeine Stinkmorchel *Phallus impudicus *

Junge Fruchtkörper oval-kugelig, 3 – 5 cm breit, weiß oder gelblich. Eine ziemlich dünne Haut umgibt eine dickere, etwas gelatinöse Lage, die den zusammengedrückten Stiel einschließt. Mit dicken, weißen Mycelsträngen befestigt. Bei der Reife streckt sich der Stiel und bricht mit einer fingerhutartigen Spitze aus der eiförmigen Hülle hervor. Stiel 10 – 30 cm hoch, 1 – 3 cm dick, weiß, rund, an beiden Enden verschmälert, schwammig, hohl. Hut 3 – 5 cm breit, nur an der Stielspitze befestigt, mit schleimiger, schwarz-oliver, übelriechender Sporenmasse überzogen, bienenwabenartige Oberfläche. Auf Waldboden und in Gärten. Mai – November. Ziemlich verbreitet.

Hundsrute *Mutinus caninus +*

Im Aufbau der vorigen Art grundsätzlich ähnlich. Junge Fruchtkörper 1 – 2 cm groß, oval oder birnenförmig, weiß oder gelblich, an dicken Mycelsträngen befestigt. Stiel 6 – 9 cm hoch, 1 cm dick, weißlich oder braunrosa, schwammig, zur Spitze verschmälert, hohl. Hut orangerot (keine getrennt aufsitzende Kappe!) von 2 cm Länge, zugespitzt und anfangs mit dunkelgrüner, schleimiger Sporenmasse von abstoßendem Geruch bedeckt. Auf Waldboden und auf Baumstubben. Juni – Dezember. Ziemlich verbreitet.

**Halskrausen-
Erdstern**
Geastrum triplex

Ungenießbar

**Gemeiner
Kartoffelbovist**
*Scleroderma
aurantium*

Schwach giftig

**Gemeine
Stinkmorchel**
Phallus impudicus

Jung eßbar

Hundsrute
Mutinus caninus

Ungenießbar

Erklärung einiger Fachausdrücke

adnat Lamellen mit dem größeren Teil ihrer Breitseite am Stiel befestigt (s. Abb. 5)

adnex Lamellen mit weniger als der Hälfte ihrer Breitseite am Stiel befestigt (s. Abb. 5)

Alkali Lösungen von Natriumhydroxid oder Kaliumhydroxid, gewöhnlich in 20%iger, wäßriger Lösung verwendet

Ammoniak-Lösung entweder in konzentrierter Form oder 1:1 mit Wasser verdünnt verwendet

amyloid in Jodjodkalium-Lösung dunkelviolett oder schwarz verfärbend. Nachweis stärkeähnlicher Kohlenhydrate. Gewöhnliche Jodtinktur kann mit Erfolg verwendet werden. Anderenfalls verfährt man nach folgendem Rezept: 1 g Kaliumjodid in 2 ml Wasser lösen, dann 0,5 g Jod hinzugeben, nach dessen Lösung 18 ml Wasser und zuletzt 20 g Chloralhydrat beimischen. Der Test wird am besten auf einem Objektträger mit einem Tropfen der (längere Zeit haltbaren) Lösung durchgeführt.

Ascus langgestreckte Zelle bei Schlauchpilzen (s. Abb. 1)

Basidie keulenförmige Zelle in der Fruchtkörperschicht bei den Basidiomyceten (s. Abb. 3)

Cystidium besonders geformte Zellen zwischen den einzelnen Basidien einer sporentragenden Fläche

Eisenalaun zum Test wird eine Probefläche (Hut, Stiel) mit einem größeren Alaunkristall eingerieben. Eisensulfat kann ebenfalls verwendet werden

emarginat die Ansatzstelle einer Lamelle am Stiel sieht so aus, als wäre ein Teil davon entfernt worden (s. Abb. 5)

herablaufend Lamellen oder Röhrchen reichen eine bestimmte Strecke am Stiel herunter

Hyphen fädiger Pflanzenkörper der Pilze

Konidien besonderer Sporentyp, der zusätzlich zu den Asco- oder Basidiosporen gebildet wird

Mycel Sammelbegriff für die Masse der Hyphen, Pilzlager

Mycelstrang Teil eines Mycels, bei dem sich eine Vielzahl Hyphen zu einem strang- oder kordelartigen Gebilde zusammenschließt, das auch mit dem bloßen Auge erkennbar ist; oft an der Unterseite der Fruchtkörper

Perithecium rundlicher bis flaschenförmiger Fruchtkörper bestimmter Schlauchpilze (s. Abb. 2)

sinuat Lamelle mit einem mehr oder weniger deutlich S-förmig gestalteten Teil am Stiel befestigt (s. Abb. 5)

Sporen ein- oder mehrzelliger Fortpflanzungskörper, der direkt oder indirekt ein neues Individuum hervorbringt

streifig Linien- oder Adernmuster auf dem Hut oder am Stiel

umbilicat genabelt (s. Abb. 5)

Velum Schleier (s. Abb. 4)

Volva Scheide (s. Abb. 4)

Literaturhinweise

DÄHNCKE, ROSE MARIE: Pilzsammlers Kochbuch, Gräfe und Unzer Verlag München, 3. Aufl. 1978

ENGEL/TIMBER, Pilze kennen – sammeln – kochen, Südwest Verlag München, 3. Aufl. 1978

ERHART/KUBICKA/SVREK, Der Kosmos-Pilzführer, Kosmos Verlag Stuttgart 1979

HAAS/GOSSNER, Pilze Mitteleuropas, Kosmos Verlag Stuttgart, 12. Aufl. 1975

HAAS/SCHREMPP, Pilze, die nicht jeder kennt, Kosmos Verlag Stuttgart, 2. Aufl. 1976

HAAS/SCHREMPP, Pilze in Wald und Flur, Kosmos Verlag Stuttgart, 4. Aufl. 1976

NEUNER, ANDREAS, Pilze, BLV Verlag München, 3. Aufl. 1976

NILSSON/PERSSON/MOSSBERG, Praktische Pilzkunde Band 1, Kosmos Verlag Stuttgart 1978

NILSSON/PERSSON/MOSSBERG, Praktische Pilzkunde Band 2, Kosmos Verlag Stuttgart 1978

Pilze erkennen und benennen, Falken Verlag Wiesbaden 1976

Verzeichnis der abgebildeten Arten

Die deutschen Pilznamen werden unter der deutschen Gattungsbezeichnung aufgeführt, z. B. Ritterling, Gelbblättriger